201 ideas para volver loco
a tu hombre en la cama

Tina Robbins

201 ideas
para volver loco
a tu hombre
en la cama

SEGUNDA PARTE

Chispa y felicidad en la vida sexual

Técnicas irresistibles para multiplicar su placer... y el tuyo

OCEANO AMBAR

201 ideas para volver loco a tu hombre en la cama
© Tina Robbins, 2002

Edición en español: Serena Vallés, Mònica Campos
Diseño de cubiertas: Karuna

© Editorial Océano, S.L., 2003
GRUPO OCÉANO
Milanesat, 21-23 – 08017 Barcelona
Tel.: 93 280 20 20* – Fax: 93 203 17 91
www.oceano.com

Derechos exclusivos de edición en español
para todos los países del mundo.

ISBN: 84-7556-248-5
Depósito Legal: B-26651-XLVI
Impreso en U.S.A. - Printed in U.S.A.

Índice

ROMPE LA RUTINA

EXTIENDE EL PLACER A TODO EL CUERPO

Introducción

Este es un libro para aquellas mujeres que creen que no lo saben todo sobre el sexo y quieren aprender cosas nuevas; quizás algo tan importante como sentir que sus encuentros sexuales siguen teniendo el sabor de lo nuevo aunque el tiempo haya pasado y se hayan acostumbrado a su pareja.

Seguramente la primera vez que le viste desnudo fue excepcional y él recuerda con gran placer la suavidad de tu piel... Son detalles personales que hacían que el sexo entre vosotros fuera una experiencia única. Ahora ha pasado el tiempo y ya nada es igual. En el mejor de los casos, puede que el sexo entre los dos siga siendo satisfactorio en líneas generales, pero se ha perdido la magia. Es el momento de aprender cosas nuevas, de sacar a pasear la curiosidad, de redescubrir vuestros cuerpos y vuestros encantos, de volver a veros con ojos renovados...

Aun en el caso de que el sexo entre vosotros sea estupendo siempre puedes aprender con la ayuda de tu curiosidad y de este práctico libro nuevos trucos e ideas originales para seducirle y aumentar tu seguridad en la cama. Sea cual sea tu caso, mantén la mente abierta e investiga. El sexo es imaginación y su poder reside en el cerebro.

Si tienes algún problema añadido, como por ejemplo que nadie te contara nunca qué es el sexo y no te enseñaran a vivirlo de forma libre, quizá te sientas culpable o insegura ante determinadas prácticas. O puede que el problema sea que él se ha vuelto comodón y va demasiado rápido para ti; a pesar de su buena voluntad siempre ha ido demasiado directo y tú nunca has sabido cómo expresárselo por miedo, por vergüenza o porque no sabes qué puedes esperar realmente del sexo. Sea lo que sea, no te sientas culpable o avergonzada; ahora tienes la oportunidad de cambiar tu situación.

En este libro encontrarás muchas ideas; algunas te parecerán demasiado atrevidas y otras no te llamaran la atención... No a todos nos gustan las mismas cosas. Sin embargo, ten en cuenta que no importa lo disparatada que parezca una idea para animar el sexo; todo es cuestión de ponerse en situación y probar cosas nuevas para evitar la monotonía: incluso convertiros en unos críos que jueguen a creerse cualquier papel, aunque con connotaciones más picantes que las de la infancia (excepto el juego de médicos y enfermeras, que siempre tiene las mismas connotaciones en todas las edades...).

Una de las pocas cosas en la que hombres y mujeres coinciden es en considerar el sexo como una de las mejores experiencias. Todos anhelamos dar y recibir el mejor de los placeres cada vez que hacemos el amor. ¿Qué mujer no sueña con sentirse «teletransportada» al éxtasis por un cuerpo poderoso y con enloquecer a su hombre en la cama? ¿Y qué hombre no desea una amante atrevida, sexy y original que, además, disfrute ardientemente de sus atenciones?

¿Quieres ser tú esa amante? Para conseguirlo, lo primero es grabar en tu cabeza que «el verdadero sexo debe ser siempre sensacional». No te limites a complacer a tu pareja y repetir siempre el mismo guión; pon a volar la imaginación, estimula tu creatividad y utiliza tus armas femeninas para enloquecerlo en la cama. No te permitas el sexo mediocre y verás cómo cada vez querréis más.

Para que no caigas en la monotonía sexual, 201 IDEAS PARA VOLVER LOCO A TU HOMBRE EN LA CAMA te sugiere ideas excitantes que darán rienda suelta a la imaginación. Si le sumas tu capacidad inventiva a esta picante lectura, la calidad de tu vida sexual se multiplicará por mil.

Este libro se puede leer de principio a fin como cualquier otro libro, subrayarlo y tomar nota de lo que más te interese. Pero, también, puedes mantenerlo en algún lugar especial —al que él no tenga acceso— y repasarlo en el momento que desees estimular un poco tu apetito sexual o cuando quieras sorprenderle con una lujuriosa sobredosis de pasión. Todo es cuestión de que los truquitos que te enseña este libro salgan a la luz, de forma natural y espontánea, en el momento adecuado y de que le motives siempre con algo nuevo.

Sé libre y crea también tus propias estrategias de placer, tanto para dar como para recibir. Nunca olvides que el buen sexo necesita de amantes receptivos, observadores y capaces de descifrar los gustos de la pareja.

Siéntete segura de ti misma. Todas las mujeres llevamos dentro una diosa del amor y la sola aparición del deseo es capaz de invocarla. Con esta magia y con los consejos de 201 IDEAS PARA VOLVER LOCO A TU HOMBRE EN LA CAMA te divertirás, te inspirarás y conseguirás que cuando lo tengas bajo tu hechizo y cerca de ti ¡el mundo sea cosa de locos!

En resumen, el buen sexo es algo tan fácil como desatar la curiosidad, sentirte a gusto con tu cuerpo, ser imaginativa, aprender a conocer tus reacciones, saber qué caricias o movimientos te dan más placer, y mantener la mente abierta a nuevas experiencias. Sé libre, sé tú misma, y tu vida sexual se revolucionará.

Cambia el chip

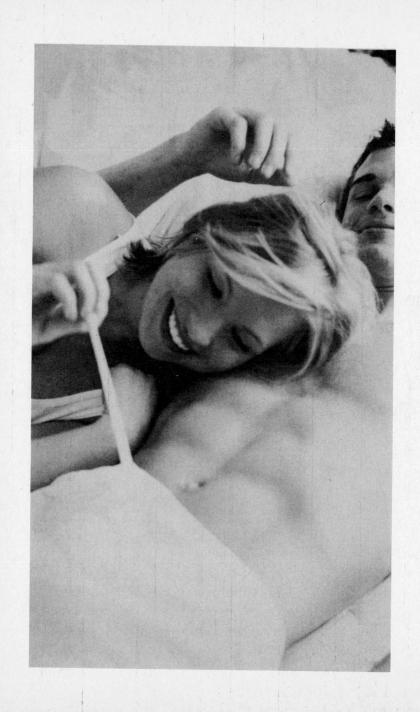

Calentando motores

1. La mente, tu principal zona erógena

El sexo está en la mente. Si sabes jugar con tu mente podrás hacer maravillas y dar y recibir cuanto placer quieras. Para que tu mente no te juegue malas pasadas, con actitudes represivas aprendidas por tu entorno, lo primero que tienes que tener en cuenta es que todo lo que puedas hacer en materia de sexo está bien, siempre y cuando los dos lo hagáis libremente. Lo segundo es que tienes derecho a disfrutar de tu cuerpo y del cuerpo de tu compañero, y que hacerlo con libertad, además de ser una experiencia muy satisfactoria, es también muy enriquecedor. Tener la mente abierta te hace ser más feliz, más libre, más curiosa, más humana...

Por otro lado, la mente es el arma perfecta para prepararte y tener buena disposición para el sexo. Si él sabe que le deseas, sea porque lo note o porque tú se lo digas pícaramente, te deseará con más intensidad... No hay nada que estimule más a los hombres que una mujer que disfruta del sexo con ellos.

Estimula tu imaginación erótica y fantasea sobre el sexo para aumentar la energía sexual y tu poder de seducción. Cuanto más pienses en el sexo, más te apetecerá. Los hombres funcionan así: durante el día tienen muchísimos pensamientos sexuales causados por una mujer que se cruza en su camino y tiene tentadoras caderas o turgentes pechos, o por una famosa desnuda en una revista, o simplemente porque sí... Aprende tú también a pensar de forma atrevida: llena tu mente de pensamientos tentadores y atrevidos, y serás la mujer más provocativa del mundo.

Ejercitar tus buenos pensamientos es muy fácil y divertido; basta con captar el detalle sexual en las situaciones. Hay varias formas de hacerlo. Puedes evocar alguna fantasía sexual mientras andas por la calle: imagina que un hombre maravilloso te hace el amor o que te sientes la mujer más sexy y hermosa del planeta, y mira a los ojos a los hombres reales que vayas encontrando en el camino. Encontrarán irresistible tu mirada. Evalúa a los hombres que encuentres a tu paso y piensa en cosas como los labios bonitos de uno deslizándose sobre tu cuerpo, las fuertes manos de otro quitándote la ropa, tus manos agarrando las preciosas nalgas de otro, siente una negligé de seda acariciando tu cuerpo desnudo... Piensa en el sexo como en una habilidad: cuanto más la ejercites, tanto en la práctica como en tu mente, más lo disfrutarás.

Otra forma entretenida y efectiva para estimular la mente es leer literatura erótica como *Trópico de Cáncer*, *Las edades de Lulú* o *El amante*, ver libros de ilustraciones eróticas como el *Kama Sutra ilustrado* o ver películas como *Orquídea salvaje* o *Nueve semanas y media*. Piensa en situaciones o imágenes excitantes. Pon a volar tu imaginación mientras sientes tu propio cuerpo y te acaricias. Piensa que eres una mujer irresistible y lo serás. Desea el sexo, fantaséalo, imagínatelo, dale vueltas en tu cabeza y ¡tendrás el mejor!

2. El sexo es cuestión de actitud

Tú eres lo que crees que eres. Puedes tener la mejor figura del mundo y conocer las armas de seducción más originales y secretas, pero si no tienes confianza en ti misma, estás perdida ¡Convéncete! Cuanto más segura te sientes de ti misma y de tu cuerpo, más placer recibirás porque no estarás pendiente de esconder michelines. Recibirás placer de forma directamente proporcional a tu actitud.

Olvídate de los gramos de grasa de más que hay en tus caderas o abdomen, o de la talla de sujetador que no tienes. Siéntete orgullosa de lo que puedes sentir y hacer sentir; al fin y al cabo, aunque no seas perfecta —y ni falta que te hace—, él te ha escogido a ti y no a otra... Esa es tu fuerza. Para él, si sabes seducirle, cada centímetro de tu cuerpo y mente conforman una mujer única y sexy. Si tú confías en que puedes hacer realidad las fantasías eróticas de un hombre, él también lo creerá. Pero no te quedes ahí, el placer es siempre recíproco: si tú confías en que él puede hacer realidad tus fantasías eróticas, él también lo creerá... Y te hará feliz

Nada más cautivador y provocativo que una mujer segura, capaz de sostener una mirada, de sonreír abiertamente, de comportarse con naturalidad y proyectar confianza en sí misma. Cultiva tu actitud mental positiva, mantén un sentimiento de autoconfianza, siéntete atractiva y provocativa en tu interior y te transformarás en una mujer increíblemente sexy.

Canaliza tu seguridad y tu actitud para hacer vibrar y brillar toda tu fuerza sexual creativa. ¿Has escuchado alguna vez la expresión «tiene un no sé qué que qué se yo»? Pues bien, eso que los hombres perciben en las mujeres, que los enloquece y no saben qué es son las vibraciones que emanan de una actitud sexy y que nos hacen tan irresistibles. Y sentirte sexy, repito, está en tu mente, aunque seguramente puedes ayudarte luciendo tu provocativo escote, calzándote esos zapatos de tacón tan sugerentes, luciendo un precioso conjunto interior que te hace sentir especial... Para ser bella, deseable y deseada no hay más que creérselo.

3. Concéntrate en él

La vía más directa y efectiva para encender la libido masculina es centrar toda la atención en ellos. Para volver a un hombre loco en la cama y volverlo adicto a ti, el mejor consejo es: «¡Concéntrate en él y olvídate de todo!» (aunque no de ti misma, la mejor disposición para disfrutar del sexo es el egoísmo colaborador, es decir, centrarte en tu placer y colaborar con él para conseguirlo).

Deja a un lado los problemas que tuviste en la oficina con tu jefe, las dificultades domésticas, el estrés y todo lo que tienes que hacer la mañana siguiente. Mírale como si le descubrieras de nuevo, no dejes que la fuerza de la costumbre te impida verlo. Admira las firmes caderas, el fuerte pecho, los brazos y hombros bien torneados, el imponente pecho, su graciosa barriguita, el culo redondo y prieto, y el hermoso pene de tu hombre. Haz que se sienta atractivo y el mejor amante que jamás pueda existir. A los hombres les encanta saber que son capaces de inflamarte y de que pierdas el mundo de vista.

Déjate llevar y lleva un doble juego: hazle sentir que eres una esclava pasional que se extasía complaciéndolo sexualmente, pero también haz que él te dé placer. Ni el más minucioso esfuerzo por aplicar cada truco que conozcas lo enloquecerá si no le haces sentir el hombre más deseado del mundo.

4. Ojo por ojo, caricia por caricia

Cada vez que tengas sexo con él, ve tomando nota mental de los lugares de tu cuerpo que acaricia y la forma en que lo hace. Después de haber «memorizado» su modo de excitarte y hacerte hace el amor, imítalo. Comienza por besarle en las mismas partes que él te besa a ti… y devóralo.

Lo más probable es que adore que le acaricies los pezones de la misma forma en que él juega con los tuyos. Si se detiene mucho a besar y lamer tus pezones, seguramente es porque esto le vuelve loco a él, así que ¡pruébalo!

Sin darse cuenta, él siempre te indicará sus preferencias sexuales. Todos los seres humanos inconscientemente hacemos lo mismo. Es una forma instintiva de comunicación. Aprende a leer su barómetro de placer. Los gemidos, los suspiros y la tensión de su abdomen te servirán para medir su excitación y saber qué le gusta más. Descubre sus debilidades y juega con ellas.

Esto no significa que hagas un seguimiento frío y calculado de cada uno de sus movimientos. Sorpréndelo con una «imitación erótica» cada vez que le hagas el amor. Le encantará darse cuenta de lo bien que conoces cómo y dónde tocarle. Para él parecerá magia; para ti, un apasionante y sensual juego detectivesco.

5. Sé ambiciosa

Respecto a la sexualidad, la ambición no es un pecado sino una virtud. No sólo está bien que una mujer desee, exija y tenga preferencias sexuales, sino que es absolutamente necesario para el buen funcionamiento de la pareja. Aspirar a la excelencia del sexo es primordial para acentuar los encantos femeninos. Cualquier hombre caerá rendido frente a una mujer que no siente miedo de necesitar, desear y demandar sexo del mejor.

Jamás esperes recibir lo que no has demostrado desear o necesitar; él no puede leer tu mente y eres tú quien le tienes que informar de qué te gusta. Donde no hay ambición, no hay satisfacción. Para un verdadero amante es igualmente excitante complacer y ser complacido. No te resignes a esperar propuestas «indecentes», ten iniciativa, ¡ve en busca de lo que quieres! y pídeselo con total confianza. A ellos les encanta probar cosas nuevas, lo que pasa es que muchas veces no se atreven a pedirlas por miedo a que les consideremos unos aprovechados o unos frescos.

No reprimas tus apetencias sexuales; al contrario, haz todo lo posible para que se hagan realidad. Compartir tu ambición sexual con él te será ampliamente devuelto en forma de placer. Tu vida sexual será tan excitante y maravillosa como tus ambiciones respecto a ella. Pero no se trata de tener grandes expectativas y de esperar que se cumplan por arte de magia, sino de trabajar activamente para tu placer con todos los recursos

6. Tu placer es su placer

No olvides nunca que el buen sexo, el verdadero sexo, implica el éxtasis de dos. Para enloquecer a un hombre en la cama no sólo tienes que hacerlo gozar a él; es igualmente necesario que él vea y sienta que tu disfrutas del sexo y que también puedes enloquecer de placer cuando es realmente bueno.

Nada más provocativo para un hombre que ver a su amante rindiéndose ante el placer de la seducción. Convertirle en la causa y el testigo del mejor de tus goces le hará derretir. Una mujer ardiente que sabe amar jamás se limita a servir a su pareja o a provocar un orgasmo inolvidable; también lo vive y lo comparte: es capaz de sentir el placer del otro como propio y aprovecharlo para excitarse más y tocar sus teclas sensibles. Exprésate y gime para que él se entere de que gozas y se excite aún más.

Los jadeos, las miradas, los gemidos y los movimientos de tu cuerpo son para él señales de goce; es decir, gestos de aprobación y, sobre todo, detonadores de excitación. Demuestra que, así como sabes ofrecerle los placeres del amor, también sabes recibirlos y disfrutarlos. Verte gozar no sólo será una visión erótica para él, sino también una razón para desearte más.

7. Háblale de sexo y durante el sexo

Nunca sientas vergüenza de hablar de sexo con un hombre. Una mujer que sabe lo que le gusta y no siente miedo de expresarlo siempre será una gran seductora. No imaginas cuánto le complace que tú misma le hagas saber qué piensas sobre el sexo y vuestros encuentros, y lo que más te hace disfrutar del sexo.

Saber sostener una conversación sobre sexo es tan importante para la pareja como hablar de lo que está pasando en el mundo; eso sin tener en cuenta que es un tema y una necesidad universal. Si evitas tener un diálogo sobre sexo con tu pareja, desperdiciarás gran parte de tu poder de seducción y perderás la oportunidad de demandar y recibir buen sexo.

No sólo se trata de que puedas mantener una conversación sobre sexo, sino de que seas tú quien saque el tema. Abordar la cuestión con seguridad y con la misma naturalidad que hablarías de una película o una receta de cocina resultará devastadoramente atractivo para tu interlocutor, quien vislumbra mientras te escucha a una mujer ardiente, segura de sí misma y capaz de llevarlo al éxtasis.

Hay varias formas de hablar de sexo con un hombre: durante una conversación seria entre adultos, jugueteando mientras haces el amor con él o bien recurriendo a la picardía del doble sentido. Todas estas alternativas resultan igualmente válidas y encantadoras. Utilízalas todas o acude a la que te haga sentir más segura.

No olvides hablarle cuando hagáis el amor: pequeñas interjecciones como «sí, sí», «más» o «más rápido»; indicaciones concretas sobre lo que te gustaría que te hiciera; propuestas atrevidas; frases susurradas sobre lo que le vas a hacer tú; lenguaje sucio y excitante del más atrevido: «Fóllame» o «Soy tuya»…

8. Prepárate para el buen sexo

El buen sexo no llega solo. Necesita preparación, práctica y disposición. La verdadera sexualidad se construye poco a poco y mejora con los años o con las repeticiones, aunque se corre el riesgo de que cuando hace mucho que conoces a una persona caigas en la comodidad o en la rutina. Hay que saber usar, mantener y dosificar los ingredientes que pueden hacer que el sexo «esté bien» o sea «¡sensacional!». Tu cuerpo es una herramienta mágica; si le das los cuidados y sigues rituales indicados estarás preparada para que el sexo con él sea maravilloso.

Esto no significa que todos los momentos de lujuria tengan que ser previamente planificados; a veces basta con un pequeño detalle como llevar un tanga excitante, regalarle alguna prenda interior o tomar un lujurioso baño de espuma antes de acudir a su encuentro para obtener una interesante variación.

El sexo precisa improvisaciones y no todo puede prepararse con antelación. Se trata de tener conciencia del valioso instrumento que es tu cuerpo y aprovechar las oportunidades que tienes de erotizarlo.

Ritos como la exploración, la contemplación de tu propio cuerpo y la masturbación te ayudan a identificar las caricias, ritmos y texturas que más te excitan. Los masajes, la relajación, el ejercicio físico y los mimos alimentan tu autoestima haciendo que te sientas más sexy. Conócete y cuídate, te sentirás más segura, aumentará tu espontaneidad, se desarrollará tu sensualidad y las posibilidades de enloqueceros en la cama se multiplicarán.

Si te tomas tiempo y trabajo en preparar tu cuerpo para el sexo, seguro que cuando llegue el momento de hacerle el amor a ese hombre al que tanto deseas no querrás perder todo el esfuerzo realizado, procurarás sacar lo mejor de ti y serás la mejor amante del mundo. La sexualidad, al igual que muchos otros placeres, mejora con el refinamiento.

9. Conócete: mírate y acaríciate

La primera persona que debe familiarizarse con tu cuerpo eres tú misma. Conocer las caricias que más te excitan y tus zonas más sensibles es la mejor manera de gozar al máximo tu vida sexual y hacerla más variada. Para saber qué es lo que más te gusta o descubrir nuevas sensaciones y posibilidades de placer tienes que explorar cada rincón de tu cuerpo, sin prejuicios ni mojigaterías.

Desvístete y ponte enfrente de un espejo. Investiga cada centímetro de tu cuerpo objetivamente, sin caer en la autocrítica destructiva. Observa las suaves pendientes de tus senos, detalla el color y la textura de tus pezones. Mira las curvas que dibujan tu cintura y tus caderas, la rectitud de tus piernas y la disimulada ondulación de tu abdomen.

Después de recorrer con tu mirada cada parte de tu cuerpo, comienza a tocarte. Roza tus caderas, abdomen y pecho con las yemas de los dedos. Recorre tu cuerpo y pon atención a las reacciones de cada zona ante diferentes caricias. Descubre qué caricias sientes mejor, cuáles te relajan y cuáles te excitan más.

Hazte un masaje. Pon tus manos, cada una sobre un pecho, y suavemente presiona haciendo movimientos circulares. Juega con tus pezones, apriétalos y rózalos con tus dedos. Siente cómo tu piel se eriza y tus pezones se ponen un poco más firmes. Imagina el placer de tu chico viendo las reacciones de tu cuerpo, piensa en la forma en que te gustaría que él te tocara y mastúrbate.

Explora tus genitales, observa sus texturas y colores. Siente tu pubis, tu clítoris y tus labios vaginales, te sorprenderá ver cómo cambian sus tamaños y colores según tu posición y grado de excitación. No te cortes, continúa jugueteando con tus dedos hasta encontrar tu vagina y alcanzar a sentir el cuello del útero.

Con el dedo índice dentro de tu vagina, tensa los músculos internos tratando de sentir la presión que ejercen sobre tu dedo. Experimentarás la misma sensación que tiene un hombre en el pene cuando está dentro de ti. Introduce y saca el dedo con diferentes ritmos y frecuencias. Sé inventiva, supón que tu dedo es un pene y juguetea. Descubrirás una inmensidad de placeres.

Prueba diferentes formas de acariciar tu clítoris. Inténtalo con suavidad, con movimientos rápidos, presión, ligereza, rapidez y lentitud. Intercala los masajes en tus pechos con los movimientos dactilares dentro de tu vagina. Acaricia tu clítoris con el dedo pulgar mientras presionas el dedo índice dentro de tu vagina. Intenta cuantas combinaciones de caricias y ritmos se te ocurran. Descubrirás infinidad de caminos para llegar al orgasmo: cortos, rápidos, sensuales o instantáneamente explosivos.

Muchas mujeres sienten vergüenza o piensan que no es natural masturbarse y no entienden la importancia del placer en solitario. La masturbación no sólo relaja y produce placer; también ejercita los músculos del amor y ayuda a descubrir sensaciones que ni imaginas que existen. Masturbarse es la mejor manera de detectar tus zonas erógenas, conocer tus preferencias sexuales y acostumbrar tu cuerpo a gozar. Cuanto más creativa y aventurera seas explorando y tocando tu cuerpo, más estimularás tu libido y más amplio será el margen de tu placer. ¿Las mejores razones para masturbarse? Que es un placer que te debes a ti misma y que el 94 % de las mujeres que nunca se han masturbado no han conseguido tampoco un orgasmo de otra forma.

10. Ejercita tus músculos del amor

Tu vagina es más que un receptáculo. Es como una cajita mágica repleta de placer con muchas habilidades. Dentro de ella se encuentra el músculo pubococcígeo, conocido como «el músculo del amor». Recibe este bonito nombre gracias a las destrezas eróticas que tiene para amar, hacerte disfrutar y complacer el pene de tu pareja.

Como cualquier otro músculo de nuestro cuerpo, el músculo del amor necesita ser ejercitado para desarrollar todas sus destrezas. Así que si quieres entrenar tu pubococcígeo para que cumpla verdaderas proezas sexuales, sigue las instrucciones a continuación: aprende los ejercicios y mantenlo en forma:

- **Contrae los músculos pélvicos** tratando de interrumpir la micción al orinar. Esto te servirá para identificar los músculos en cuestión. Una vez que tengas claro este movimiento, hazlo repetidamente cuando te encuentres relajada. Puedes hacerlo mientras ves la televisión, cómodamente sentada o en cualquier otra situación que te permita concentrarte en ti misma. Para obtener buenos resultados debes repetir las contracciones por lo menos 25 veces al día.

- **Sentada, introduce en tu vagina** un vibrador, una vela o alguna forma fálica que no sea punzante. Ponte de pie sin dejarla caer. La idea es que logres sostenerlo con tu músculo del amor. Prueba dar algunos pasos impidiendo que se caiga. Finalmente, acuéstate y trata de expulsarlo utilizando sólo el músculo del amor.

Siéntate en una silla de manera que quedes en una posición recta y cómoda. Introduce (no muy profundamente) en tu vagina una vela o un vibrador y, con el músculo del amor, tira de él hacia adentro. Introdúcelo lo más profundo que puedas, aprisiónalo con fuerza durante unos segundos y luego trata de expulsarlo.

Si quieres que tu placer sea más intenso y hacerle probar a tu chico el mejor sexo que jamás pueda haber recibido, aprende a contraer y mover tu músculo del amor. Tus orgasmos se intensificarán y él, simplemente, ¡enloquecerá!

11. Mantente en forma

Mantenerse en forma no tiene nada que ver con lucir una figura escultural o volverte anoréxica haciendo dietas extravagantes. Simplemente significa mantener una mínima rutina de ejercicio físico para estar en forma, sentirte bien y mejorar tu vida sexual. La salud y la sexualidad están directamente relacionadas y son igualmente vitales. Si tu mente y tu cuerpo no están bien, tampoco lo estará tu sexualidad.

Cuando haces el amor también estás realizando un ejercicio físico. Muchas posiciones eróticas requieren elasticidad, y un acto sexual prolongado necesita resistencia muscular y respiratoria. Esto no significa que para hacer el amor de forma satisfactoria tengas que ser una atleta profesional. Simplemente tienes que procurar que tu estado físico te guste, le guste a él y te permita gozar de largas e intensas horas de placer.

El ejercicio físico no sólo te ayuda a estar en forma, sino que también beneficia tu autoestima, activa las glándulas cerebrales de la felicidad y aumenta los niveles de testosterona, que es la hormona reguladora del apetito sexual. Una combinación irresistible tanto para ti como para él... Así que, ya sabes, aprovecha al máximo los placenteros beneficios que el ejercicio físico puede aportarte.

12. El sexo, la alimentación y los afrodisíacos

Es imposible ignorar la relación existente entre el erotismo y la alimentación. Es importante mantener una dieta sana que mantenga a raya el exceso de peso y las enfermedades, y proporcione a tu cuerpo las sustancias necesarias para su buen funcionamiento. Comer apropiadamente puede ser un excelente preludio para el sexo, ya que las sustancias químicas de los alimentos afectan el humor y el funcionamiento del cuerpo.

Alimentarse de manera saludable favorece el buen humor y los deseos de disfrutar de la vida y el sexo. Seguramente te sentirás más sexy después de comer un cóctel de jugosas y frescas frutas que después de comerte una desproporcionada dosis de grasa. Los altos niveles de grasa en tu organismo desequilibran algunas hormonas y afectan negativamente tu apetito sexual.

Muchos alimentos no sólo son saludables, sino que también tienen maravillosas propiedades afrodisíacas que puedes aprovechar para aumentar tu libido y la de tu chico. Entre ellos se encuentran el tomate, el apio, los espárragos, los higos, el cacao, el plátano, el azafrán, el gingseng, el guaraná, la nuez moscada y los mariscos. Estos son alimentos muy conocidos por sus propiedades afrodisíacas. También se consideran estimulantes especias como la canela, el clavo y la pimienta.

Todos estos alimentos son sanos y naturales, puedes comerlos frescos, cocidos o usarlos para condimentar. No importa cómo los prepares; siempre tendrás los beneficios de sus propiedades. Pero recuerda que como *todo entra por los ojos*, será mucho mejor si sirváis los alimentos llamativamente, así no sólo aprovecharéis sus propiedades afrodisíacas, sino que también convertiréis la cena en un acto placentero más de vuestro encuentro. Detalles tan pequeños como éste pueden ayudarte a estimularle la buena disposición para el sexo.

13. Perfumes y fragancias

El cuerpo y la mente bien utilizados son dos de las armas eróticas más importantes con las que contamos todas las mujeres para hacerle perder la razón a cualquier hombre, pero aquí no se termina nuestro arsenal de sensualidad ya que tenemos muchas armas de mujer ocultas. El olfato es una de las grandes debilidades masculinas, aunque ellos no son conscientes de esto, y sugestionarlo sexualmente, además de ser muy divertido, da muy buenos resultados.

Existen varias posibilidades de atacar dulcemente a un hombre por su sentido del olfato. Del mismo modo que sucede con el sexo, es cuestión de elección y creatividad. Puedes utilizar la magia de muchos tipos de flores, plantas y maderas aromáticas o simplemente, los olores naturales que expelen las sustancias químicas producidas por tu organismo.

Lo más recomendable es que combines los aromas corporales con los de los aceites y perfumes. Nunca dejes, en tu primera cita, todo el trabajo de conquista a las sustancias químicas que expele tu cuerpo. Estarás más segura usando un poco de buen perfume, aunque con discreción; no enmascares tu olor. Otra solución más natural es acudir a un establecimiento que vendan productos naturales y comprar una crema hidratante corporal. Si te la aplicas después de la ducha olerás delicadamente a fresa, melocotón, mora, vainilla o cualquier otro aroma que escojas.

Un poco de información extra no te vendría mal. Hay hombres que odian el perfume, pero hay otros que lo que no pueden soportar es que dominen los olores corporales. Intenta averiguar a qué tipo corresponde tu conquista. Pero ten en cuenta una cosa: si a un hombre le desagrada tu olor difícilmente el sexo entre los dos funcionará. Y al revés, si te crispa su olor es porque la química entre vosotros dos no es ideal.

Prueba a poner algo de perfume en tu ombligo. Si un hombre está besando tu abdomen y de pronto se encuentra con la sorpresa de un aroma seductor, aumentarán sus deseos de devorarte.

También puedes poner algunas gotas de aceite aromatizado en las sábanas de tu cama o encender algún buen incienso o quemar aceite esencial en un especiero para crear un ambiente sensual y provocativo. Nada de ambientadores, su perfume suele ser vulgar.

Los puntos para perfumarse clásicos son detrás de las orejas, en las muñecas, entre los senos, detrás de la nuca, detrás de las rodillas... Hay mujeres que incluso echan unas gotas de perfume en su ropa interior para que su olor permanezca con ellas durante más tiempo.

14. El «look» de tu pubis

Aunque es cuestión de gustos y no puede generalizarse, casi podríamos considerar que por consenso masculino es mucho más sensual un pubis minuciosamente depilado que frondoso y descuidado. Pero como en el sexo todo es válido, lo más importante es que tú te sientas bien con la apariencia de tu pubis y lo luzcas como quieras.

Si no te apetece, no tienes tiempo para depilar y afeitar tu pubis o simplemente, algún día olvidaste hacerlo, conviértelo en un instrumento erótico. Ahí está tu vello, es la naturaleza, ¿por qué no aprovecharlo? Hazle cosquillas por todo su cuerpo acariciándolo con tus mechones ensortijados o dirige sus manos entre tu frondoso monte de Venus e invítalo a que deslice los dedos entre tu vello púbico. Sobre todo no te avergüences de tu aspecto; ellos son mucho más comprensivos con los fallos depilatorios de las mujeres de lo que ellas creen. Tu peor error puede ser estar tan preocupada de que note tus zonas no impecables que te olvides de disfrutar o, incluso, le apartes de según qué sitios... ¡Imperdonable! ¡El sexo y la vergüenza están reñidos!

Para las que prefieren mantener el pubis despoblado y pueden dedicarse a acicalarlo, hay infinidad de posibilidades creativas y sensuales. A cualquier hombre le encantará que en cada encuentro lujurioso lo sorprendas con un estilo diferente. Puedes hacerte cortes en forma de pequeños triángulos, dejarte tan sólo una delgada línea de vello, rasurarte por completo o hasta teñirlo. Sólo es cuestión de estilo. Para teñirte acude a un especialista. También puedes ir a que te depilen si te da miedo hacer un estropicio.

Si tu chico es uno de esos hombres que adoran ver tu pubis vanidosamente acicalado, puedes aprovechar la situación y comenzar un divertido juego preliminar. Pídele que te ayude a cambiar el «look» de tu zona genital. Dale la libertad de elegir formas y estilos, invítalo a que se inspire y se divierta, y seguramente la sesión de estilismo terminará en una ardiente explosión de sexo.

15. El encanto de la piel

Muchas veces olvidamos las propiedades seductoras y excitantes que tiene la piel. Pensamos que en lo único que se fijan los hombres es en nuestras caderas y nuestros senos. Pero por muy esculturales que sean las formas de una mujer, si su piel no está cuidada y suave las caricias no serán tan placenteras para él. Y al revés, aunque su epidermis es más dura, gruesa y áspera que la de las mujeres, también pueden cuidarla para que sea más gustosa de acariciar.

¿Cómo olvidarnos de mimar el órgano más extenso de todo el cuerpo y la mayor zona erógena que tenemos? La piel es un inmenso mar de posibilidades eróticas. Es difícil saber qué es más impresionante, si la capacidad que tiene para protegernos del medio exterior o la debilidad y la cantidad de sensaciones que nos produce ante el más mínimo estímulo sensual.

La piel es la primera zona de contacto físico con él. No importa qué parte de tu cuerpo esté acariciando; siempre estará tocando tu piel. Es imprescindible que la mantengas limpia y suave, ya que por ahí rodarán sus manos y todas sus caricias. Cuanto más agradable sea el tacto, más satisfacción habrá para ambos: él se deleitará tocándote y tú recibirás más caricias.

No sólo debes cuidar y mimar tu piel, también tienes que saber exhibirla. Cuanto menos explícita seas, más lo excitarás. Cúbrete y destápate lo suficiente como para que él pueda y tenga que imaginarse la suavidad que le espera entre las manos. Provoca un «accidente sexy» y encuentra la manera de que tenga un sutil contacto con tu piel. Si has sabido cuidarla, él no se resistirá y querrá probar más.

16. Masaje sensual con los pies

Los pies son la parte de nuestro cuerpo que más maltratamos. Nos limitamos a ponerles un par de zapatos cada día y los recordamos sólo cuando nos duelen o están cansados tras una larga caminata. Y los desaprovechamos porque pueden ser también muy suaves, acariciar de forma muy placentera y ser zonas calientes que den mucho placer porque tienen también mucha sensibilidad.

En lugar de relegar tus pies al maltrato, cuídalos, mantenlos limpios y haz dos actividades básicas con ellos: disfrutar de un masaje que él te dará y aprovecharlos para acariciarle todo el cuerpo como si fueran tus manos. Evidentemente, los papeles son intercambiables e incluso podéis daros un masaje en los pies a la vez. Para convertirte en una buena amante no sólo tienes que aprender a dar, sino también a recibir.

Busca una posición cómoda en la que puedas recorrerle todo el cuerpo con tus pies y desde la que él pueda tener una espectacular perspectiva que comience entre tus piernas y termine en tu vagina. Inventa los planos más eróticos que se te puedan ocurrir para pervertir su mente y hazlo sucumbir de placer con tu masaje.

Acuéstate frente a él y coloca tus piernas entre las suyas hasta alcanzar a tocarle el pene con tus pies. Juguetea y atrapa sensualmente su pene entre las plantas de tus pies, júntalas y comienza a masturbarle. También puedes acariciar el miembro de tu chico con los dedos de tus pies. Deja volar tu imaginación, acaricia todo su cuerpo con tus pies y hazle sentir en la gloria.

Cómo excitarle

17. Pon a mil su imaginación

Recuerda que la mente es la parte más erótica del cuerpo, porque es allí donde surgen las ideas y los deseos. Si además de llenar tu imaginación de pensamientos provocativos, eres lo suficientemente creativa y sugestiva para conseguir que él también los tenga, habrás inventado el mejor y más efectivo conjuro sexual.

Encender la mente de un hombre no es una tarea difícil, pero cuanto más creativa y lentamente lo hagas mejores resultados te dará. Concéntrate en conseguir la mejor disposición mental para los dos y conseguirás que se muera por hacerte el amor. Apunta directo a su mente y haz que se desaten los pensamientos más audaces. Inmediatamente querrá ponerte las manos encima y devorarte. Pero debes hacerle esperar y sufrir un poco...

Cuéntale acerca de la nueva ropa interior que tienes para estrenar, muéstrasela desfilando inocentemente para él y pide su opinión. Ruégale que te ayude a subir la cremallera de tu vestido, háblale de alguna película erótica, de un sueño lascivo que hayas tenido o de alguna experiencia que te haya contado una amiga o que hayas leído. Ingéniatelas para que sus pensamientos tomen el rumbo hacia tu cuerpo. Por más rápida que sea su reacción, hazle esperar; la espera antes de poder hacer realidad unos deseos que sabe positivamente que se harán realidad es un potente estimulante... Haz que su imaginación trabaje y dale tiempo para que cree en su mente un escenario lujurioso.

18. Fotonovela erótica

Puedes pedirle a tu mejor amiga que te haga una sesión de fotos eróticas. Escoge las mejores imágenes y envíaselas a tu chico por correo directo o por mensajero en un sobre sin remitente. Será una sorpresa muy estimulante que hará surgir todos sus «buenos» pensamientos. Además, tú tendrás la oportunidad de prepararte para el amor y sentirte sexy para él.

Otra forma muy creativa de hacerle llegar tus fotos es recurrir al correo electrónico. Envíale un mail marcado con un inocente asunto de manera que él no lo relacione con lo que en realidad va a recibir. La inesperada imagen de tu cuerpo desnudo en el monitor de su ordenador le hará alucinar y le conquistará. Asegúrate de que cuando lo reciba esté solo...

Cuanto más creativa seas, los alicientes que le darás y los resultados que tendrás serán mucho mejores. Busca los ángulos más seductores de tu cuerpo y las posiciones que a él más le gustan. Una vez tenga frente a los ojos tus fotografías, serán las únicas imágenes que rondarán en su mente hasta que te tenga cerca y pueda hacerte el amor.

19. La vista, su principal estímulo

A los hombres les gusta mirar. Es por eso que las revistas, las películas y las páginas de Internet pornográficas tienen tanto éxito. Mima tu ropa interior y renuévala periódicamente con prendas atrevidas. Incluso puedes hacer que él te regale ropa interior a su gusto... No tengas manías y ponte lo que te haya traído porque, aunque no sea totalmente de tu gusto, si él lo ha comprado para ti es que ansía verte con ello puesto.

No descuides tus movimientos. No te pido que estés siempre pendiente de tu aspecto y de tu postura, pero sí que de vez en cuando crees algunos cuadros para él como empezar a acariciarte semidesnuda, contonearte mientras te mira, quitarte una prenda de ropa de forma sexy, ofrecerle tus nalgas para que te penetre o simplemente para restregarte contra él —la vista de la espalda y las curvas femeninas así expuestas les hace enloquecer—, gatear sobre la cama para acercarte a él, ofrecerle tu cuerpo en escorzo mientras practicas sexo oral, sentarte a horcajadas sobre él para que te haga un cunnilingus, mirarle a los ojos mientras tienes un orgasmo o te hace gozar... Mírale y haz que te mire.

20. Cuéntale tus fantasías

Nunca olvides lo importante que es hablarle a un hombre de sexo. Pero cuando lo hagas, asegúrate de hacerlo con total seguridad y naturalidad. Hazle saber que, al igual que él, tú también tienes fantasías sexuales. Saber que tú fantaseas y piensas en cómo mejorar tu sexualidad es algo que excita a los hombres.

No hay nada más estimulante para la mente y la libido de un hombre que una mujer con una gran imaginación erótica que comparte sin miedo ni pudor los pensamientos sexuales que rondan su cabeza. Así pues, dirige su mente con un buen relato: él es tu público y tú tienes que conseguir captar toda su atención para que no pueda hacer otra cosa que pensar en lo que hará para complacerte.

Al contarle tus fantasías sexuales no omitas ni el más mínimo detalle, descríbelas paso a paso, tal cual las deseas y hazle saber que estás realmente interesada en que él las haga realidad. Para un hombre, ser el protagonista de una fantasía sexual femenina es, más que un privilegio, un atractivo y candente estimulante. ¡Pon a prueba tu capacidad creativa y él te demostrará con sus actos lo buena que eres imaginando! Un consejo: no le cuentes fantasías sexuales en las que él no sea el directo protagonista, especialmente si tienen que ver con gente que él conoce.

21. Hazle confesar sus «perversiones»

Pídele provocativamente que te cuente las fantasías sexuales que tiene y que te hable de todos los pensamientos que se le cruzan por la mente cuando piensa en hacer el amor contigo. Consigue que describa detalladamente lo que desea que hagas por él y toma nota para hacerlo. Escucha con mucha atención y prepárate para no escandalizarte, cualquiera que sea su fantasía.

Pregúntale por todas sus fantasías sexuales sólo si estás dispuesta a escuchar y hacer cualquier locura. Él supondrá que si sientes curiosidad por sus fantasías es porque tienes intenciones de hacerlas realidad y no porque pretendes juzgar sus malos pensamientos. Evidentemente, no estás obligada a hacer algo que no quieras hacer, pero si algo no te apetece, busca algo sugerente y atrevido que pueda servir para distraer su atención.

Nunca olvides ser su cómplice y, mucho menos, al escucharle hablar sobre los deseos eróticos que vuelan en su mente. Para conseguir toda su sinceridad y evitar que sienta miedo a escandalizarte o se frene por la timidez o por lo que puedas pensar de él, proporciónale confianza y camaradería y una actitud abierta.

Una vez logres que él se sienta libre para contarte todas sus fantasías, se inspirará y ambos entraréis en la historia de tal manera que, aunque hagáis realidad una de ellas, seguirá conservando el maravilloso status de fantasía sexual, lista para ser materializada siempre que la pasión así lo quiera. No olvides, además, que las fantasías son prácticamente inagotables ya que tenemos una mente muy fértil.

22. Lectura erótica

Elige un buen material erótico y/o pornográfico. Cuando tengas una buena selección de libros y revistas con imágenes morbosas, historias eróticas o cómics atrevidos, invítalo a una «tertulia porno». Dile que quieres compartir con él un momento de ocio erótico. Es imposible que un hombre se niegue a una invitación así.

Una que vez lo tengas acurrucado junto a ti, mirando y leyendo estimulantes pasajes eróticos, proponle una sesión de lectura e intercambio de imágenes por turnos. Tú le enseñarás las imágenes que más te gustan y leerás en voz alta los párrafos que consideres más excitantes; luego, él deberá hacer lo mismo. Con esta «tertulia porno» no sólo le excitarás, sino que también le harás feliz. Una vez entréis en materia, podéis empezar a acariciaros y a leer por turnos. Uno lee en voz alta y el otro le acaricia, incluidas caricias íntimas y sexo oral. El que lee no puede equivocarse. Podéis establecer una modalidad de castigo: cuando uno se equivoca recibe una palmada del otro en las nalgas o bien tiene que pagar una prenda y hacerle al otro algo que desee o quitarse una pieza de ropa. Haced durar el momento. Él puede seguir leyendo mientras tú te mueves encima de él cabalgándole, y si se equivoca paras e incluso te retiras y le acaricias inocentemente.

Haz que esta situación sea un momento divertido y picante. Es una buena forma de relajarse y ambos tendréis vuestras mentes llenas de pensamientos lascivos, perfectos para provocar una sobredosis de sexo sensacional. Además, le harás sentir que, más que su pareja, eres su cómplice. Aprende a cultivar la camaradería con tu chico; es un ingrediente que siempre hará mejores tus relaciones sexuales.

23. Sesión de cine voyeur

Leer literatura y poesía erótica o ver películas porno con tu chico son actividades divertidas que ponen un poco de entusiasmo al sexo y le dan variedad. Cualquier hombre disfrutará la compañía y el sexo con una mujer que tiene una actitud abierta y creativa frente a la sexualidad y tú tendrás la oportunidad de excitarte viendo como lo hacen los actores en la pantalla o, incluso, copiando algunas de las escenas que veáis.

Llámale al trabajo y pídele que, de camino a casa, alquile una película porque se te antoja ver algo sexy. O simplemente, invítalo en tu casa a una noche de cine y, sin que él se lo espere, ten preparada una buen selección de películas porno o eróticas. Por ejemplo, *El piano*, *Historia de O*, *El amante*, *Herida*, *Vivir sin aliento*, *Portero de noche*, *Fuego en el cuerpo*, *Nueve semanas y media*, *El último tango en París*, *El imperio de los sentidos* o *Emmanuelle*, si quieres algo comedidamente sugerente. Pero te recomiendo que vayas más allá y alquiles películas explícitamente pornográficas.

Muchas mujeres sienten vergüenza de tener iniciativas como ésta, porque piensan que las películas pornográficas no son asuntos de «señoras». Olvídate de esta idea anticuada y retrógrada; la mayoría de los hombres encuentran bastante excitante a una mujer con inquietudes y curiosidades sexuales. ¡Y, además, puedes aprovechar para aprender cosas nuevas!

24. Grabaciones íntimas

Pídele a tu chico que se convierta en tu estrella porno favorita. Dile que quieres ver en vídeo todas las cosas deliciosas que ocurren mientras hacéis el amor. Es vuestra oportunidad para ser traviesos y lanzados. Y ten por seguro que él no te dirá que no; al contrario, se sentirá encantado de hacer esta pequeña maldad.

La grabación de tu propia película porno será muy excitante para los dos. Si tú estás detrás de la cámara, hazle saber que disfrutas de su actuación. Cuando seas tú la actriz no te inhibas, actúa de forma sexy y desenvuelta: conquista a tu público, hazle sentir que es tu centro de atención. Para poder salir los dos en planos largos, calculad bien el ángulo y poned la cámara en un lugar estratégico. No hace falta que grabéis todo en una misma sesión, podéis filmar en diversos encuentros para no estar tan pendientes de la cámara, o bien tomadlo muy en serio y sed muy profesionales: las pausas para cambiar la cámara de sitio pueden ser muy excitantes si sabéis administrarlos.

Alterna con tu chico los papeles actor director para que cada uno tenga la oportunidad de elegir los planos que le resulten más excitantes. Graba todo su cuerpo, sus manos tocándote, registra primeros planos de su erección y haz un detallado seguimiento de la penetración. ¡No te cortes! Deja que tu imaginación de cineasta y creatividad de amante se fundan para realizar la mejor producción. Un consejo: no eternices los planos, más vale que sean tomas cortas para que sean más dinámicas y excitantes y que haya acción; nada de escenas eternas sin que pase nada... Cuando tengáis la cinta tenéis que verla un día, pero sin manías sobre si salís más o menos guapos o más o menos estilizados. ¿Has pensado la sensación fuertemente excitante que puede producirte verte mientras le haces una felación? Por no hablar de lo que puede experimentar él...

Si te parece algo demasiado fuerte para empezar, puedes grabar primero una cinta de audio con vuestros gemidos en uno de vuestros encuentros sexuales. Hazlo sin que él se entere y luego opta por una de estas opciones: envuélvela para regalo y entrégasela para que la escuche o ponla directamente una noche en tu cadena de música.

25. Bombardeo de mensajes sexys

Nada más efectivo para una desaforada y larga sesión de sexo que pasarse todo el día esperando y pensando en el momento en que vais a hacer el amor. Para que después de un largo día de trabajo, tu chico vuelva a ti ávido de sexo y loco por hacerte el amor... bombardéalo sutil y directamente con sugerentes mensajes eróticos.

Prepara un original inventario de frases picantes, expresiones de doble sentido, tiernas, sexualmente invitadoras o describiendo directamente lo que le espera esta noche. Una vez hayas conseguido escribir las palabras perfectas para encenderlo y hacerlo pensar en el sexo y en ti, escríbelas en diferentes papelitos.

Ingéniatelas para repartir estratégicamente todas las notas que has escrito en lugares como los bolsillos de la chaqueta, el estuche de las gafas, el maletín, el periódico, etc. Pon cada una de las notas en donde se te ocurra que pueda encontrarlas a lo largo del día, una a una. Estará desesperado por verte y exigirte que hagas realidad todo lo que has escrito. Según cómo bastará con una sola nota: «Te invito a un banquete. Menú: Yo».

Adecua el tono de las frases al tipo de chico y a la relación que tengas con él. Si tienes con él una relación de pareja te será más fácil porque tienes más confianza, pero si sólo es una pareja sexual podrás ser más salvaje porque no te importará que pueda pensar mal de ti. Otra posibilidad es enviarle mensajes al móvil: la tecnología punta puesta a tu servicio.

26. Llamadas de alto voltaje

A la hora que menos se lo espere, llámalo al despacho o al móvil y una vez conteste el teléfono comienza a decirle, sin rodeos, que te pasarás la noche saboreando sus pezones, besando su ombligo y degustando su pene o simplemente, explícale que no puedes esperar a tenerlo a tu lado haciéndote el amor. Dile lo que se te cruce por la cabeza, pero sorpréndelo con un picante discurso directo ¡Excítalo!

Después de la primer declaración erótica o frase directa que pronuncies, tienes dos opciones para concluir la llamada: comunicarle que sólo llamabas para hacerle saber lo caliente que estás y cuánto le deseas, o continuar mencionando todos tus planes y deseos «malévolos» hasta conseguir que te siga el juego.

Si consigues llenarle la mente de «malos» pensamientos, seguramente no resistirá la idea de hacer el amor. Es imposible que falle este truco; una de dos, buscará la forma de acudir a tu lado lo más pronto posible o no terminará la conversación telefónica contigo hasta llegar a una conclusión orgásmica. Sé traviesa tú también y acompáñale diciéndole lo que quieres hacer y llevándote a ti misma al clímax... No te olvides de gemir de forma bien audible para que él sepa cómo estás.

27. Excítalo en público

Apunta directamente a su mente. Con un «inoportuno» y suspicaz susurro, dile a tu chico algo obsceno en algún momento en el que os encontréis en público, rodeados de muchas personas. Utiliza un tono completamente normal como si estuvieras mencionando cualquier trivialidad, de manera que la gente de alrededor ni se entere y él quede en estado de shock.

Mientras hacéis cola para entrar al cine, tomáis una copa en una fiesta formal o entráis a un restaurante muy concurrido, míralo directamente a los ojos y dile que tienes intenciones de hacerle el amor cuando salgáis de donde estáis. Sé muy específica, breve y original. Suelta una frase picante y como si no estuviera pasando nada, sonríe dulcemente y cambia de tema.

La clave no sólo está en que sepas elegir el momento y las palabras precisas, sino en que cumplas todo lo que le prometiste con tus indiscretos susurros. Ten presente que una vez escuche tus palabras obscenas y la promesa de hacer realidad alguna fantasía sexual, estará deseándote incontroniblemente y esperando tus fantásticas maniobras sexuales.

28. ¡Fuera bragas!

Tu puedes pedirle sexo a tu chico directa o indirectamente, obscena o tiernamente. Lo más importante es la actitud y la personalidad que le pongas a tu insinuación. Si quieres impresionarle con algo extravagante y picante, elige una de estas dos tácticas:

1. Cuando él esté en algún lugar de la casa, preferiblemente que no sea la cama, preparando un café en la cocina, sentado frente

al ordenador o entretenido con cualquier actividad, acércate y bésalo hasta dejarle ardiendo.

Una vez que hayas provocado su erección y esté muy caliente, deja de besarlo y apártate un poco de él, pero de manera que te esté mirando. Sácate las bragas y naturalmente déjalas caer en sus pies o entrégaselas. Acuéstate o siéntate en una mesa o en un sofá frente a él, poniéndote provocativamente a su disposición ¡No podrá sentirse más halagado y excitado!

2. La segunda táctica de las bragas es mucho más atrevida. Ponte unas bragas muy pequeñas y sexys y llévalo a cenar a un restaurante elegante. En cualquier momento, en medio de la comida o mientras tomáis el último vino, levántate y ve al lavabo. Sácate las bragas, agárralas en una mano, regresa a la mesa y simplemente, déjalas caer sobre sus piernas o frente a él... ¡Espera a ver cómo reacciona! Seguramente quedará alucinado y te adorará por semejante sorpresa.

29. Olvida tu ropa interior en casa

Al contrario de la anterior, esta táctica de seducción consiste en la ausencia de las bragas. Anímate a hacer más travesuras picantes: invítalo algún día al teatro, al cine o a la ópera, lleva puesta una vestimenta muy formal y no lleves ropa interior. Una vez vaya a comenzar el espectáculo, simplemente acércate a su oído y con un tono muy inocente cuéntale que has olvidado tus bragas en casa. ¡Nunca olvidarás la cara que pondrá! También puedes hacer que sea él quien lo note si te pones una falda más corta y en un momento dado, disimuladamente, le dejas entrever lo que hay —o lo que no hay— debajo.

Puedes probar esta travesura sexy en cualquier reunión social. Cuanto más formal y seria sea la situación más se excitará. Es muy importante que el día que tengas planeado dejar tu ropa interior en casa, lleves puesta una falda y ropa muy discreta que contraste con el atrevimiento de tu desnudez interior. Hazle saber tu olvido de la forma más dulce e inocente que puedas; a los hombres les encanta ver tu obscenidad oculta tras la «ingenuidad».

30. Mil proposiciones indecentes

No te quedes esperando a que sea siempre él quien tome la iniciativa. Sorpréndelo y busca variadas y creativas formas de proponerle una atrevida e intensa sesión de sexo. Ya encontrarás alguna forma seductora de motivarle. Idea algún plan o recurre a alguna de las ideas que este libro te propone: llámalo a la oficina y pregúntale si está ocupado. Él querrá saber el porqué de tu pregunta y tú, naturalmente, le explicarás que estás desnuda y con muchos deseos de verle. Invítalo a escapar unos minutos del trabajo para que venga a hacerte feliz... Si eres lo suficientemente sagaz y provocativa, irá corriendo hacia ti; pero si es un hombre poco atrevido y no lo hace, no te desanimes, alucinará con tu osadía y en cuanto pueda volará a buscarte.

Hay muchas cosas que puedes proponerle a un hombre, pero para seducirlo busca siempre que tus invitaciones sean «pervertidas» y diferentes. ¿Qué tal si lo llevas a un motel, a un teatro porno o a un sex show en vivo o empiezas a acariciarle mientras vais en coche? También puedes recogerlo a la salida del trabajo, conducir hasta un mirador, aparcar el coche y sin ninguna explicación, darle una inolvidable sesión de sexo oral. Adorará que lo hayas sacado del aburrimiento de un día cualquiera con alguna de estas proposiciones indecentes.

31. Vestirse para desnudarse

El arte del amor requiere que hagamos uso de todas las ayudas eróticamente estimulantes para cautivar y elevar los sentidos. De la misma manera que él desea y admira tu cuerpo, también se deleita con la belleza y la sensualidad que los vestidos le dan a tu figura. En la medida que cuides cada detalle de tu vestimenta, harás que un hombre se muera por desvestirte.

Usar prendas íntimas bonitas y eróticas, que revelen y oculten al mismo tiempo es un juego de seducción perfecto para estimular la imaginación de un hombre. Vístete pensando en complacerle la vista, pervertirle la mente y aumentar tus encantos. Pero ten presente que la ropa debe ser una extensión de tu personalidad, que acentúe la seguridad en ti misma; nunca uses algo que no te haga sentir bien.

Vístete pensando en que vas a ser desvestida. Detalles tan tontos como los botones, las cremalleras, los cinturones y cuantos obstáculos pueda encontrarse para sentirte o verte desnuda, pueden motivar su morbo del mismo modo que lo haría la evidencia de una falda corta o un escote. Tú sólo preocúpate por llevar tu vestimenta provocativamente.

32. Conserva siempre una prenda puesta

Para realzar la belleza de tu cuerpo desnudo o motivar la imaginación erótica de tu chico, déjate puesta una sola prenda o alguna joya que resalte en medio de tu desnudez. Puedes enrollarte en el cuello una bufanda de seda que flote y se mueva sensualmente entre tus senos al ritmo de la penetración y que al rozar la piel de él, le haga unas deliciosas cosquillas.

También puedes dejarte puestas las bragas o el sostén, si son prendas muy sexys que disparen su imaginación... Las únicas que recomiendo que uses. Fantasea con verlo excitado, buscando la manera de meter entre tus bragas su pene o esforzándose por escurrir su traviesa lengua entre tu sostén o en hacer a un lado tu tanga para lamerte mejor o en acariciar con parsimonia tus preciosas medias sujetas por un sexy liguero o en ver cómo puede abrirse paso a través de ese body que te hace parecer escultural.

33. Desnuda con una perla

Decora tu cuerpo utilizando diferentes accesorios, pero uno sólo a la vez. Un adorno sencillo y bien puesto hará brillar la sensualidad de tu piel y también podrá servirte para juguetear con él o acariciarlo. Por ejemplo, una perla colgando de tu cuello no sólo lucirá muy elegante y sensual, sino que le producirá una sensación muy sexy si la usas para rozarle el pecho y el pene.

Imagina cómo usar cualquier complemento para provocarle más morbo. Viste sensualmente tus manos con unos largos y excéntricos guantes de seda o unos guantes de encaje con aberturas en las yemas de los dedos y acarícialo. Ponte una corbata y utilízala para atarlo y «abusar» de él despiadadamente o déjate las medias puestas para que él trate de romperlas... Pon algo en tu cuerpo, interpón algo en su camino. ¡Los obstáculos suelen atraer a los hombres!

Son muchos los accesorios que puedes llevar debajo de la ropa para sorprenderlo cuando te desvista. Ponte una delgada cadena alrededor de la cintura, llénate la piel de purpurina, ponte algún tatuaje erótico en un lugar estratégico, pega en tu ombligo un pequeño brillante o maquíllate el cuerpo. Decora tu desnudez.

34. Sé su enfermera, su colegiala o su sultana

El sexo con disfraces ha sido ideado por y para mentes pícaras. Es practicable sólo por chicas con personalidad y está prohibido ejercerlo bajo sentimiento de pánico o vergüenza. La elección del disfraz depende de los gustos de tu chico y de tu atrevimiento.

Generalmente, los hombres encuentran muy sexy un corto vestido de enfermera o un uniforme de colegiala que les recuerde las travesuras de adolescencia y juventud. Si eres lo suficientemente atrevida para sorprenderlo con un buen disfraz, y conoces las «pervertidas fantasías» de tu amante, ¿a qué esperas para recuperar tu antiguo uniforme de colegiala o conseguir un buen sustituto? Disfrazaros se presta a que interpretéis vuestros papeles. También puedes convertirte en su sultana y ordenarle que te complazca; su ama y, ataviada con unas botas estilo *Pretty woman*, castigarle; o su esclava y dejar que te ate para que haga lo que desee contigo.

No importa si eres tímida o te parece una escena ridícula. Si estás dispuesta a hacer realidad las fantasías sexuales de un hombre, olvídate del pudor y la vergüenza y todo saldrá bien... Él te adorará tanto por darle gusto que le encontrarás el gusto a disfrazarte y a interpretar tu papel. Si haces la situación suficientemente pervertida, maliciosa y picante, no habrá cabida para el ridículo. Si eres una enfermera, debes explorarlo a fondo; si eres una paciente debes dejarte hacer un reconocimiento a conciencia; si eres su maestra le azotarás si es preciso y si eres la colegiala díscola dejarás que te levante las faldas para azotarte o algo más...

Si definitivamente no te atreves o es inevitable que te sientas ridícula seduciéndolo con un disfraz, busca algo un poco más sencillo y llevable. Por ejemplo, una chaqueta de motorista y un sostén de encaje negro muy sexy, una máscara o una peluca que cambie por completo tu «look»; encuentra algo que ponga morbo en su imaginación.

35. ¡Desnúdame!, es una orden

Sin ningún misterio y mirándolo directamente a los ojos, pídele que te quite la ropa. Le encantará recibir la «orden» de que tiene que librar de tu vestido o igualmente se complacerá ante una dulce petición como «Desnúdame, por favor». Mientras él va retirando, una a una, todas tus prendas, estírate coquetamente y esquívalo un poco para provocarlo más.

Convierte este momento en un rito y consigue que se tome su tiempo; la espera aumentará su excitación y el deseo de ti. Dile una obscenidad, dale un beso o lame sensualmente alguna parte de su cuerpo por cada prenda que te saque. ¡Haz que se lo pase bien mientras te desviste!

36. Deja caer sus prendas una a una...

Desvístelo. Tomate tu tiempo y hazlo muy despacio, mientras lo besas y acaricias irresistiblemente. Comienza por la camisa; sitúate frente a él y retírasela sensualmente hacia atrás de los hombros utilizando las dos manos. Ponte detrás de él para quitársela del todo. Tú sentirás su delicioso aroma y él, un excitante escalofrío que puedes intensificar besándole primero en la nuca y luego en la espina dorsal.

Para evitar cualquier desastre o lío irremediable, primero tienes que quitarle los zapatos; de lo contrario, tu intento de sacarle los pantalones será una catástrofe. Siéntalo sobre la cama de un suave pero decidido empujón y quítale los zapatos y los calcetines. Continúa besándolo y desliza tu mano entre los pantalones para protegerle el pene y los testículos de cualquier accidente con la cremallera.

Si has hecho un buen trabajo seguramente ya habrás conseguido una perfecta erección, así que ¡ve a por ella! Bájale los pantalones sin dejar de manosearlo y por último, baja sus slips. Finalmente habrás encontrado lo mejor de todo el envoltorio. Ahora que lo tienes desnudo e indefenso... ¡tú misma!

Rompe la rutina

Escenarios
para la pasión

37. La ambientación

En la época de Luis XIV, las cortesanas francesas procuraban gratificar los cinco sentidos de los hombres que amaban. Preparaban seductores ambientes para recibir a los nobles, y para cada uno tenían un escenario diferente: sábanas, aromas y tipos de iluminación especiales.

El escenario y el ambiente en que vives tus encuentros pasionales y sexuales son casi tan importantes como la pasión y la creatividad que pones en cada caricia y movimiento. Un espacio puede intensificar o disminuir la inspiración erótica. Mientras sea posible, evita lugares sosos que puedan tornar el sexo aburrido. Busca localizaciones diferentes, provocativas y que favorezcan los momentos de pasión. Bastan unos pocos detalles como grandes y sensuales pañuelos, farolillos chinos, un espejo convenientemente dispuesto, filtros de colores para matizar las luces, velas, montones de cojines de colores, una colcha de raso de estilo árabe, incensarios...

En muchas ocasiones el sexo resulta improvisado y tiene lugar en el sitio menos esperado. Pero cada vez que sea posible, monta un escenario erótico y sensual para conseguir un entorno ardiente, que aumente el deseo y las ganas de amar. Ten presente que no todo lo que te excita a ti lo excita a él, y trata de buscar el equilibrio.

38. Caricias florales

Llena de flores y plantas la habitación o el lugar donde piensas hacerle el amor, y propicia un ambiente natural y salvaje. Tal vez logres despertar sus instintos primitivos o, como mínimo, seducirlo con el dulce aroma de las flores y relajarlo con la belleza y el colorido de las plantas a su alrededor.

Las plantas no sólo sirven para crear un ambiente romántico y estimulante para los sentidos, también son un accesorio erótico. Acarícialo lenta y suavemente con los pétalos de las flores, esparce flores por todo su cuerpo y hazle el amor entre ellas.

Llena las sábanas con pétalos de rosas rojas o blancas y hazle el amor sobre esta dulce capa de naturaleza. Inventa maneras de jugar con diferentes tipos de flores o simplemente llena la habitación con las que a él más le gusten. Procura lograr un ambiente romántico y erótico al mismo tiempo. Si tu chico es alérgico o detesta las flores, olvida esta estrategia.

39. Una cama para retozar

Existen muchos lugares excitantes para hacer el amor; cada uno tiene variados encantos y proporciona diferentes posibilidades eróticas, ya sea el salto fuera de la monotonía o el cambio de posturas. Pero definitivamente, las comodidades y posibilidades que ofrece una buena cama no se pueden comparar con ningún otro lugar.

Del mismo modo que tú te bañas, te depilas, te perfumas y te preparas para los encuentros del amor, tu cama también es digna de recibir algunos cuidados especiales. Comienza por vestirla con unas sábanas limpias, suaves y bien perfumadas. Evita estampados infantiles o que estén totalmente reñidos con el erotismo.

Lo ideal es una cama amplia que te permita mover libre y salvajemente con tu chico. Cómoda para que puedas hacerle el amor durante horas, y suficientemente resistente como para que pueda soportar cualquier movimiento, sin desbaratarse o crujir. A simple vista, este tipo de detalles parece demasiado simple y trivial, pero una cama incómoda o estruendosa puede, sino arruinarte, acortar un increíble momento de pasión que prometía horas de placer. Por lo tanto, invierte en tu cama: compra un somier de láminas de madera y un colchón de bloques de muelles.

40. «You can leave your song on...»

Parafraseando la canción de Joe Cocker, mientras hagas el amor puedes dejar la música puesta y... poco más.

Es indiscutible: la música de fondo a la hora de hacer el amor es un ingrediente especial que hay saber elegir y usar a tu favor. El tipo de ritmo depende mucho de tus gustos y los de tu chico; sólo tú podrás elegir qué es más lo más estimulante para ambos.

La música te ofrece múltiples posibilidades a la hora de tener sexo. Puedes utilizarla para relajar la mente y el cuerpo, para realizar un espectacular strip-tease, o para hacerle el amor a tu chico moviendo la pelvis al compás de su ritmo favorito. Puedes usar merengue si quieres ritmo en estado puro; soul si te va algo más suave y sensual; música New Age para crear ambientes relajados; música clásica para dejaros envolver por la música...

Lo más importante es que cuando tengas música de fondo mientras le haces el amor, ésta no se convierta en una distracción. Recuerda que para enloquecerlo en la cama tienes que centrar toda tu atención en él. La música sólo debe ser un instrumento más para provocarlo o una inspiración para tus movimientos.

41. La magia de los aromas

Desde la Antigüedad, el sentido del olfato ha tenido una gran importancia en la vida sexual del hombre. Las antiguas culturas orientales, por ejemplo, lo asociaban con el corazón y la vitalidad.

Hoy en día siguen vigentes estas creencias y prácticas de seducción basadas en los aromas.

Las plantas, aceites e inciensos aromáticos tienen la propiedad
de estimular la actitud creativa y mejorar el humor. Los aromas
actúan sobre los sentimientos y aumentan la sensibilidad. Algunos
tienen propiedades relajantes, otros tienen efectos estimulantes, y
muchos son afrodisíacos. Piensa en el efecto que necesitas y haz
una buena elección del aroma indicado para cada ocasión.

Poseen propiedades afrodisíacas y olores exquisitos que puedes
aprovechar para ambientar sensualmente tu nido de amor la rosa,
el jazmín (que funciona como antidepresivo), el azafrán, el rome-
ro, la albahaca, el cedro, el pachulí y la marihuana. Si necesitas
crear un ambiente relajante usa enebro, sándalo, geranio (que es
ideal para reducir el estrés) o toronjil (que ayuda a restablecer el
equilibrio emocional). Para combatir la fatiga, puedes usar petit-
grain, que también alivia la tensión, y si necesitáis un tónico gene-
ral, naranja. Utiliza inciensos o aceites esenciales que sean naturales y de buena calidad, de lo contrario, el efecto puede ser
contraproducente.

Unas sábanas sutilmente perfumadas o una habitación invadi-
da por el mágico aroma de un buen incienso son detonantes eróticos y excelentes estimulantes sexuales. Procura que el lugar donde vas a dedicarte al arte del amor no sólo no tenga malos olores,
sino que huela provocativamente.

42. Masaje cuerpo a cuerpo

Los aceites naturales gozan de propiedades aromáticas increíblemente sensuales y de una consistencia excitante para la piel. Un
buen masaje o una dosis de caricias con aceites esenciales predis-
pondrán a cualquier hombre para una hipnotizante sesión sexual.

Prueba unas caricias lúbricas, resbaladizas y encantadoras: una
vez esté desnudo y echado sobre la cama, pídele que se ponga
boca abajo y cierre los ojos. Desnúdate y esparce aceite por todo

tu cuerpo. Puedes permitirle mirar mientras te embadurnas delicadamente. ¡Le encantará verte! Pero ten presente que el sentido del tacto es mucho más intenso a oscuras y que alucinará más si la sensación del aceite la dejas como efecto sorpresa. Que no sospeche qué quieres hacer...

Una vez estés embadurnada de aceite, comienza a rozarle delicadamente el cuerpo. Presiona tus senos sobre las plantas de sus pies y comienza a subir el pecho hasta ponerlo entre sus nalgas, el efecto del aceite facilitará el deslizamiento de tu cuerpo sobre el de él. Déjate llevar y muévete encima de él como una serpiente dispuesta a devorar una presa, luego deja que te toque... ¡Adorará cómo se le deslizan las manos entre tus piernas, caderas y senos!

43. Festín de vinos y frutas

Prepara un par de copas y una botella de buen vino. Es muy excitante y sensual tomar la bebida de los dioses antes, durante o después de tener sexo. Como preámbulo, excita y desinhibe; durante el acto, la interrupción de una copa de vino puede servir para un leve receso con el fin de prolongar y retrasar el momento del clímax, volver a enardeceros si lo bebéis del cuerpo del otro y para culminar... ¿Qué mejor forma de celebrar un intenso orgasmo que brindar con una copa de vino?

Las frutas también son un excelente aperitivo erótico. Pueden usarse de la misma manera que el vino y, aunque no sirven como desinhibidor, son un increíble instrumento para excitar. Para un hombre, ver a una mujer mordisquear sensual y provocativamente una fruta resulta irresistiblemente erótico y evocador. ¡Instintivamente, querrá ser esa fruta y ser saboreado con el mismo placer! Dásela a comer sobre tu piel, pero que no la coja directamente, sino que acerque poco a poco su lengua reptante hasta ella. Podéis jugar también con crema, nata y otros alimentos de diferentes texturas.

Una buena bandeja de frutas limpias y frescas te servirá para hacer muchas cosas creativas cuando tengas pensada una loca velada sexual. Con los deliciosos sabores y texturas frutales podrás seducirlo, excitarlo y practicar juegos muy divertidos para adultos. Este libro te plantea alguno de estos juegos. (No te pierdas el apartado 92: «Picnic de placer»).

44. ¡Luces! ¡Acción!

La luz es un detalle crucial. Olvídate de luces y lámparas brillantes que deslumbran, y sobre todo, de la total oscuridad donde parece que quieres esconderte, a no ser que quieras llevar a cabo una fantasía en la que él se haga pasar por un desconocido y sin mediar palabra te empiece a hacer el amor y te sorprenda de mil maneras diferentes como, por ejemplo, con un vibrador.

Deja suficiente iluminación como para que él pueda verte y ambos podáis ser testigos de los movimientos y el cuerpo del otro.

A todos los hombres les gusta y les excita ver la cara y los gestos de placer de su amante. Él se deleitará observando cómo tus senos se mueven al ritmo de la penetración y viendo cómo su pene desaparece lentamente mientras se desliza por la entrada de tu vagina. Nunca prives a un hombre de admirar el espectáculo que implica hacerte el amor. Recuerda que los hombres son eminentemente visuales...

Juega con la iluminación. Las velas son muy sensuales y resultan favorecedoras para apreciar las texturas y los tonos de la piel. Busca efectos diferentes y originales con luces de colores, utiliza bombillas rojos o rosas que produzcan un ambiente tenue y sexy. Siempre ilumina lo suficiente para que, sin que le resulte molesto, pueda ver con sus propios ojos cómo tu cuerpo se rinde ante el suyo.

45. El sexo es un espejo

Seguramente has visto infinidad de imágenes de cuerpos desnudos haciendo el amor en películas eróticas o revistas pornográficas, pero ¿has observado alguna vez el cuerpo y los movimientos de tu chico mientras te hace el amor? Si no lo has hecho nunca, ¿a qué esperas? No te lo pierdas; mirarte y mirarlo mientras hacéis el amor será un regalo para los dos. Puedes empezar poniendo un espejo de cuerpo entero en tu habitación o yendo a algún motel en el que haya habitaciones con muchos espejos.

Inventa alguna manera de poner espejos detrás, enfrente o arriba de la cama de manera que tú y tu chico podáis mirar el reflejo de vuestros cuerpos haciendo el amor. No te cortes, no sientas vergüenza de que él vea la desnudez de tu cuerpo, deja a un lado los complejos de tu físico y disfruta de lo que ves frente al espejo.

Aquí tienes algunos truquitos:

- **No sientas pánico** de que vea alguno de tus peores ángulos; si os lo estáis pasando realmente bien y no es la primera vez que lo hacéis ¡ya los habrá visto!

- **No mires nerviosamente al espejo.** Aunque no te sientas lo suficientemente segura de ti misma, ¡finge confianza!

- **Para no sentirte** demasiado «expuesta» puedes recurrir a un espejo mediano en lugar de utilizar uno de cuerpo entero.

- **Si aun con un espejo mediano** te sientes algo tímida, puedes probar a usar un espejo pequeño y observar cómo su pene entra y sale de tu vagina.

- **Si tú y tu chico** quedáis prendados del reflejo de los espejos, intenta poner uno en el suelo mientras hacéis el amor de pie.

46. Juegos con condones

Mujer precavida vale por dos. Nunca permitas que un momento de erótica explosión se enfríe porque no tienes protección. Olvida la idea de que los condones deben llevarlos los hombres; si eres una mujer que disfruta el sexo y piensa en tenerlo, ¿por qué no tener condones en tu casa o en tu bolso o, mejor aún, en los dos sitios?

Hoy en día, si tienes sexo con alguien que no es tu pareja habitual, es inevitable tener que recurrir a la protección de un condón y muchas parejas también recurren a los preservativos como método anticonceptivo. En lugar de cortarte a la hora de pedirle que use uno, haz de la situación algo travieso y divertido y que forme parte del juego sexual. Ponle el condón tú misma mientras le admiras el pene y le dices unos cuantos piropos. Compra condones con diferentes texturas para sentir más placer; usa condones con sabores o recurre a cualquiera de la infinidad de diseños que hay en el mercado. Asegúrate de que usas una buena marca y protegen contra el Sida.

47. Resbala en su sexo

Los lubricantes son utilizados para combatir la sequedad vaginal que sufren algunas mujeres o para lubricar el ano para el sexo anal y que todo funcione como una seda. Al igual que los aceites y todos los accesorios eróticos que puedas imaginar, los lubricantes también pueden ser un ingrediente picante para sacar el sexo de la monotonía.

El uso de lubricantes aumenta y varía las sensaciones durante el coito. Utilízalos para juguetear: intenta provocar una guerra erótica de lubricante o enloquécelo con un suave masaje genital. A todos los hombres les fascina la sensación del pene húmedo. ¡También puedes invitarlo a que él te haga un embadurnado masaje genital a ti!

Existen varios tipos de lubricantes. Los hay con sabores diferentes, ideales para el sexo oral o los que contienen espermicidas, que sirven para reforzar la protección del condón. De todas formas, es muy importante comprar un producto de buena calidad porque algunos componentes o el uso exagerado de lubricantes pueden romper el látex del condón. Usa siempre lubricantes con base acuosa y no aceitosa porque de lo contrario se podría estropear el condón.

48. Algunos escenarios inconvenientes y estimulantes

Tener sexo en el baño, la cocina, el jardín o cualquier otro lugar diferente a la cama implica algunas incomodidades o, en algunos casos, exige más habilidades físicas. Nada que tu ardor no pueda vencer, por otra parte. Indudablemente, la cama es el lugar más cómodo para hacer el amor, pero cambiar de escenario erótico es tan importante como ser una amante ardiente. Es rutinario y aburrido tener sexo siempre en el mismo lugar.

Para no caer en la monotonía ni permitir que el sexo se convierta en un acto totalmente predecible, atrévete a hacerle el amor a tu chico en cualquier lugar. Los hombres adoran la variedad, así que él estará encantado de que lo invites a hacer algo nuevo que le saque de la rutina. Los cambios y la versatilidad le sientan muy bien al sexo.

Pon a trabajar tu creatividad; no sólo para ingeniarte formas de seducirlo, sino también para encontrar lugares originales donde hacerlo. El simple hecho de cambiar de habitación y estar rodeados de un ambiente diferente os sacará de la monotonía, pero ten presente que los sitios más atrevidos son los más excitantes. Arriésgate y provócalo en cualquier rincón inexplorado; una esquina, un ascensor, la portería de vuestro edificio o el lavabo de una disco. La emoción de hacer el amor en un sitio inesperado o «peligroso» es tan excitante que minimiza cualquier tipo de incomodidad.

49. Montar en una silla

Una vez tengas elegida una silla cómoda, busca cómo calentarlo, desnudarlo y sentarlo. Cuando lo tengas excitado, erecto y «dominado» sobre la silla, siéntate suavemente sobre él, míralo a los ojos y con tu mano introduce su pene en tu vagina.

Abrázalo y comienza a moverte hacia atrás y hacia delante. Mueve tu pelvis con ritmo y procura tensar tus músculos del amor, al tiempo que empujas suavemente tu pubis hacia atrás y hacia delante. Mantenle siempre la mirada.

Si la silla tiene brazos, cuelga tus piernas sobre ellos, de manera que queden muy separadas. Si el asiento no tiene brazos, trata de rodearle la cintura con tus piernas. Procura hacer movimientos suaves y deja que en algunos momentos el único estímulo que sienta en su pene sea el proporcionado por tus músculos del amor. ¡Querrá quedarse sentado contigo encima para siempre! También podéis probarlo contigo de espaldas, con lo que podrá tomar tus caderas para ayudarte a moverte al tiempo que admira tu espalda y tus nalgas chocando contra él provocativamente.

Otra variación es hacerlo sentados sin silla. Él se pone de cuclillas y tú encima a horcajadas sobre él, pero sosteniéndote sobre tus piernas y sin apoyar demasiado peso sobre él.

50. Fantasías en la bañera

Prepara un baño con plantas, perlas o sales de baño perfumadas y pon un poco de aceite para intensificar la lubricación de tu piel y tus genitales. Llena la bañera con agua caliente; los dos estaréis más a gusto que en agua fría y os beneficiaréis de los efectos del calor, ya que éste hace intensifica la erección. Podéis probar a emular a Cleopatra y disolver en el agua un litro de leche y un poco de miel para hidrataros. Si estáis tan cansados que el baño caliente os deja demasiado relajados podéis terminar con una ducha de agua fría y seguir retozando en otro lugar. Jugad con la suave y gelatinosa textura del jabón para un masaje en el sexo y un resbaladizo y prometedor masaje cuerpo a cuerpo, enjabonaros el uno al otro y dejad que vuestras pieles se deslicen juntas...

Si quieres probar algo nuevo, siéntate enfrente de él y con los dedos de tus pies comienza a acariciar sus zonas más excitables. Invítale a que él haga lo mismo contigo. Una vez que estéis dispuestos para la acción, podéis continuarla en tierra firme, contigo inclinada hacia delante apoyada en la bañera o, simplemente, proseguir con la faena dentro de la bañera frente a frente y con vuestras piernas entrelazadas, entre el agua, el aceite el jabón, la espuma, el vaho... También puedes situarte de espaldas a él, entre sus piernas, y apoyar la espalda en su pecho e intentarlo así.

51. Una ducha irresistible

¡Definitivamente irresistible! Sólo tendrás que buscar la forma de persuadirle para que vea cómo te duchas. Nada de invitaciones directas. Aprovecha cuando él esté afeitándose o lavándose los dientes y decide darte un baño, o busca la manera de hacerlo entrar al lavabo mientras tú te estás duchando. Cualquier excusa es buena: que te traiga una toalla, que vaya a buscar una crema hidratante... O simplemente dejar la puerta entreabierta y que él curiosee a su antojo...

Una vez que consigas tenerlo dentro del cuarto de baño, no dejes que descubra tus intenciones; actúa naturalmente concentrada en tu ducha. Él no podrá evitar «espiarte» porque todos los hombres adoran y se excitan con la sola idea fisgar.

Si acaso tienes dudas de la eficacia de esta técnica, este libro te da tres razones de peso para que la pongas en práctica:

1. Los hombres encuentran irresistible a una mujer mojada e indefensa bajo el agua. Sí, algo tan simple como ducharte frente a él activará su apetito sexual.

2. Una vez entre al agua contigo tendrá que abrazarte para que el agua caiga sobre los dos y ninguno pase frío. Sentir la humedad de tu piel desnuda implica una inmediata erección.

3. Además de la connotación sensual y erótica que tiene el agua, la presión de la ducha le relaja la mente y vigoriza su erección.

Un hombre en una ducha es una presa fácil y apetitosa. Enjabónalo provocativamente sin que te toque hasta que no puedas poner más resistencia a sus desenfrenadas ansias de hacerte el amor. Ponte de rodillas y dedícate a besar y saborear su pene. Siente cómo corre el agua fresca por tu cara y refresca tu boca mientras ésta se dedica a provocarle un inolvidable orgasmo. O bien, jugad los dos a masturbaros con el chorro de la ducha a ver si conseguís llegar al orgasmo.

52. Un «quickie» contra el lavamanos

Contraataca mientras se afeita. Cuando esté frente al espejo del lavamanos, concentrado en el ritual de su afeitada, acércate por detrás y comienza a rozar tu pubis contra su trasero, bésale la nuca y lame la parte de atrás de sus orejas. Si tu chico es de los que prefiere los manoseos fuertes y directos, abrázalo por la cintura y ve directa a por su pene.

Cuando consigas excitarlo (no tardarás mucho), desnúdale y con un abrazo gira su cuerpo hasta que quedes frente al espejo y él detrás de ti. Atrapa su pene entre tus nalgas y masajéale con tus glúteos hasta llevarlo al borde de la locura.

Dobla levemente las rodillas, inclínate un poco, arquea el trasero como un gato y apóyate con las manos sobre el lavamanos. Ésta es una posición estéticamente favorable para tu cadera, hermosa ante los ojos de un hombre excitado, y el ángulo perfecto para una penetración trasera (anal o vaginal) profunda.

Si quieres añadir un poco más de morbo, ambos podéis miraros las caras de placer en el espejo. Y si quieres una situación un poco juguetona y diferente, provoca una guerra erótica con la crema de afeitar, y no le dejes ganar. Déjate hacer el amor entre nubes de espuma de afeitar y bajo el morbo de su mirada en el espejo.

53. El pasillo del placer salvaje

Esta técnica está especialmente recomendada para sesiones de sexo intenso, salvaje y explosivo. Es sólo para mujeres que saben lo que quieren y cómo lo quieren. Si estás dispuesta a disfrutar de un poco de rudeza sexual, sólo necesitas dos ingredientes: un hombre desesperadamente caliente y un pasillo (preferiblemente estrecho).

Invítalo a salir, coquetea y aplica todas tus armas de seducción hasta que esté irresistiblemente caliente. Llévalo hasta tu casa, cierra la puerta, contonéate para él de espaldas apoyándote en el quicio de la puerta (con el siempre favorecedor y efectivo estilo *Nueve semanas y media*), acércate a él con cara traviesa y tíralo al suelo del pasillo. Desvístelo despiadadamente, lámelo y bésalo salvajemente, e incluso muérdele suavemente la boca mientras le arrancas la ropa.

Siéntate sobre él y abre las piernas de tal modo que puedas ejercer presión, con cada una de ellas, contra las paredes. Esta posición te permitirá mover fuertemente la pelvis para que la penetración sea más profunda y fuerte. Colócale los brazos estirados hacia arriba, agárrate de ellos y empuja hacia delante, manteniendo el ritmo.

Si no hubo ninguna velada romántica que anticipara la escena del pasillo; si él está tirado en el sofá comiendo patatas fritas y viendo la tele mientras tú tienes la imaginación enfebrecida, simplemente acércate, arrebata el paquete de patatas de sus manos y de manera imperativa exprésate: «¡Vamos a tener sexo ya!». Llévalo con besos salvajes hasta el pasillo y sin piedad hazle el amor. ¡Adorará sentirse violentamente deseado y te aseguramos que cada vez que vea un pasillo se acordará muy bien de ti...!

54. Servida sobre la mesa

Hacer el amor sobre una mesa es una excitante locura, digna sólo de un exclusivo momento de calentura. No es incómodo si te dejas llevar por la situación y tienes puntos de apoyo como una silla donde apoyar una pierna, en el caso de que tú estés tumbada o semiincorporada y él de pie, una de las posturas más excitantes para este encuentro que, además, permite penetrar cómodamente tanto vaginal como analmente. Si optáis por algo más clásico, como la postura del misionero, para evitar que su peso te aplaste la espalda contra la dura superficie de la mesa puedes poner un cojín bajo tus nalgas; técnica que, además, permitirá una penetración más profunda.

La mesa ofrece muchas posibilidades; algunas de ellas tan excitantes como que te subas a cuatro patas y él se arrodille detrás de ti o que te coloques de pie de espaldas a él y apoyes la parte superior de tu cuerpo sobre la mesa mientras él te penetra por detrás, si no apoyas todo tu peso, tus pezones rozarán provocativamente la superficie de la mesa... También podéis probar esta postura sobre el mármol de la cocina de forma que experimentes la sensación combinada de su sexo caliente en el tuyo y el frío de la piedra en los pezones. Hacerlo en estos sitios fomenta la complicidad entre vosotros, ya que cuando estéis en una cena familiar en vuestra casa, comiendo sobre la mesa en cuestión, podéis miraros y tener la certeza de que el otro está pensando lo mismo.

55. El retorno a la naturaleza

Hacer el amor en un ambiente natural es una experiencia totalmente diferente. No sólo tiene el plus de la variedad, sino el de la tranquilidad y el aire puro que relaja la mente e intensifica los sentidos. Los escenarios naturales, tan amplios y sin límites, son perfectos para encuentros sexuales delicados y románticos. Todo vale: un mirador con una vista espléndida, el bosque, el campo, un camino junto al río, detrás de una cascada... Sólo tienes que asegurarte de que sea un rincón realmente recóndito y de que nadie os vea...

Según las antiguas sabidurías orientales del amor y del sexo, el contacto con la naturaleza actúa como un potente virilizador. Los taoístas creían que «los aspectos del amor físico entran en comunión con la naturaleza y ésta se confabula para despertar en el cuerpo reflejos y sensaciones diferentes».

Volver a la ciudad después de un coito silvestre bajo la mirada de las estrellas y la brisa fresca os dejará como nuevos. Tú y tu chico tardaréis en volver a la rutina y durante muchos días rondarán eróticos recuerdos por vuestras mentes. Seguro que te pedirá más.

Otra fantasía puede ser que te ate, totalmente desnuda, y te someta a sus deseos o, al revés, que seas tú quien le ate y hagas con él lo que te plazca. Si queréis una variante y sois una pareja muy abierta, podéis invitar a un amigo o a una amiga para que ayude al que está libre a «abusar» del otro.

56. ¡En marcha!

Llévalo a dar un paseo en coche por las afueras de la ciudad y, mientras conduces, acaricia sus muslos y pásale la mano por su sexo hasta que notes que se endurece, o cógele la mano y ponla entre tus piernas. Cuando esté caliente y dispuesto a atacar, aparca el coche en algún lugar solitario y escondido.

Podéis hacer el amor en el coche de mil formas diferentes; sólo depende de vuestras preferencias y creatividad. Si hay suficiente espacio en la parte delantera, siéntate en la silla del copiloto, abre las piernas y apoya las plantas de los pies sobre el vidrio; mientras él, ubicado encima de ti, cara a cara, te penetra profundamente.

Si quieres mimarlo y hacerle sentir como en sus años de adolescencia, invítalo al asiento trasero del coche... Revivir esos momentos de juventud le estimulará la libido. Jadea y muévete hasta que los vidrios del coche estén empañados.

57. Sexo clandestino en la oficina

La oficina es un excitante y osado lugar para hacer el amor. Si trabajas con él tienes mucho terreno ganado, y sólo tendrás que encontrar una situación en la cual escapar de los jefes, compañeros y cámaras de seguridad. El simple hecho de saber que corréis el riesgo de ser descubiertos y que estáis rompiendo las normas, disparará los niveles de libido de los dos, y el resultado será un explosivo acto sexual. Un inicio de fiesta con mucho morbo es que le empieces a hacer una felación mientras él está hablando por teléfono o que cierres la puerta con llave, mientras él está distraído con cualquier tarea de la oficina, y te desnudes totalmente.

Si no trabajas con él en el mismo sitio, invítalo a comer a tu oficina. Tienes la ventaja de que estará desprevenido y en terreno ajeno. Compra un buen vino y algo sencillo para picar; cuando él esté disfrutando inocentemente de la comida, hazle ver, saber o descubrir que debajo de tu formal traje de negocios no hay nada… ¡ni obstáculo alguno para entrar!

Ahora que tienes un hombre excitado y desesperado por hacerte el amor, te quedan dos opciones:

1. Ir directa al grano y tener sexo rápido y urgente, bajo el riesgo de poder ser cogidos in fraganti o interrumpidos. Depende de hasta dónde hayáis llegado, ninguno de los dos querrá volverse atrás…

2. Dejarle en llamas y mandarlo de regreso a su trabajo… Todo el día estará pensando en ti y cuando cada uno termine su jornada laboral, explotará un indomable encuentro sexual.

58. Uniones en las reuniones sociales

Las fiestas y las reuniones sociales son los lugares más indicados para el sexo excitante y peligroso. Cuando estés en alguna fiesta con él, coquetea descaradamente y, cuando puedas, deja que se te escape alguna caricia atrevida y camuflada que le haga perder el control. Tus travesuras deben pasar desapercibidas para los demás.

Para encenderle el «detonador» sin que nadie se entere, aprovecha cuando estéis sentados a la mesa —es imprescindible estar en compañía de invitados o anfitriones. Manoséale por debajo del mantel, sin recato, y juguetea provocativamente con tus piernas entre las suyas o descálzate y sube tu pie lentamente por su pierna hasta llegar a su centro. También puedes rozarle distraídamente al pasar o colocarte de pie delante de él y ocultar una mano tras tu cuerpo para tocarle el sexo. Cualquier hombre, incluso el más tímido y correcto, arderá de afán por responder a las atenciones de una divertida y traviesa amante en busca de satisfacción sexual.

La malicia de tu descarada coquetería le agudizará la creatividad. De alguna manera encontrará cómo escurrirse entre los invitados hasta la cocina, el baño o alguna habitación donde terminar el juego que tú empezaste. Todos los hombres adoran este tipo de situaciones y travesuras eróticas, especialmente cuando las iniciativas son femeninas.

59. Cita a ciegas en un hotel

Elige algún día de la semana que estés segura que él tiene tiempo suficiente para quedar contigo tranquilamente y reserva una habitación en un hotel. No le comuniques tus planes, cítalo para cenar o tomar una copa en el bar del hotel. Cuando llegue allí a encontrarse contigo, salúdalo, bésalo y, sin dar ninguna explicación, entrégale las llaves de la habitación. ¡Alucinará! No olvides comprar ropa interior muy sexy. Da un paso más y compra también algo para él.

También puedes dejarle un mensaje en el contestador o escribirle un correo electrónico invitándolo a una exclusiva fiesta privada en la habitación de un hotel. No olvides especificar hora y lugar; no se trata de que lleguéis juntos, sino de que tú hagas de servicial anfitriona sexual. Así que encárgate de que una vez haya abierto la puerta encuentre una mujer (tú, por supuesto) ¡con poca ropa en el cuerpo y mucho sexo en la cabeza! Si es él el que se aloja en un hotel, puedes sorprenderle acudiendo vestida sólo con un abrigo bajo el cual haya sólo ropa interior muy sexy y unas medias o, si quieres ser todavía más atrevida, ir completamente desnuda bajo un glamouroso abrigo.

60. Hacer el amor en casa ajena

Aprovecha alguna ocasión en que tu mejor amiga se vaya de viaje y pídele prestado su piso o consigue con subterfugios varios las llaves de un piso. Una vez tengas las llaves y la certeza de que la casa está a tu entera disposición, llama a tu chico y dile que piensas hacerle el amor despiadadamente. Explícale que has conseguido un lugar donde tenerlo «secuestrado» para comértelo sin ninguna interrupción.

La idea de tener sexo en la cama, sofá o moqueta de otra persona le encantará. Si a tu invitación le sumas convincentes promesas de «no tener piedad», le provocarás un gran «subidón» y acelerarás la reproducción de pensamientos inmorales en su cabeza a un millón por minuto. Lo cual significa que él estará listo para compartir contigo una sensacional verbena sexual.

61. Rompiendo normas en el jacuzzi

Tener sexo en un jacuzzi requiere técnica y suele estar prohibido, ¡pero qué excitante jugar con su fuente de placer y con los diversos chorritos! De todas formas… ¿desde cuándo el sexo verdaderamente espectacular no requiere sacrificios físicos? Prepárate para «atacarlo» con esta táctica: localiza algún lugar con jacuzzi y convéncelo de que vaya contigo. El segundo paso es armarte de valor y estar dispuesta a romper las normas del club o gimnasio al que piensas llevarlo.

La situación es la siguiente: llegas al jacuzzi y si no hay nadie más que él y tú, adelante, es hora de actuar sin preocuparos de nada. Pero si hay más personas tendrás que llenarte de valor para espantarlas. Besa cariñosamente a tu chico, de la forma más ostentosa que puedas hacerlo para que los demás no lo soporten y decidan irse espantados. Lo ideal es que encuentres un lugar donde nadie te conozca; estarás más desinhibida porque no te importará qué piensen de ti.

Cuando estés sola con tu amante acorralado, apunta directo a tu objetivo. Acaríciale el pene y, cuando esté erecto, sumerge la cabeza y aguanta la respiración por lo menos treinta segundos. Con la boca y la ayuda de tu nariz, bájale el bañador y disfruta hasta que no puedas contener más la respiración. ¡Ah!, no olvides pedirle que haga lo mismo contigo. El juego termina donde vosotros queráis...

62. Fuga de fin de semana

El sexo fuera de casa siempre es maravilloso porque tiene el encanto de lo nuevo y la ruptura de la rutina; es una lástima que sea tan complicado hacerlo con frecuencia. Lo más probable es que el tiempo y el presupuesto sean inconvenientes a la hora de fugarte. Entonces puedes guardar este plan para los casos de emergencia, cuando necesites que tu pareja reviva su apetito y creatividad sexual.

Una vez que las maletas estén cargadas y el coche andando, sentirás cómo las preocupaciones van olvidándose con cada kilómetro de la ciudad que dejas atrás. Sí, definitivamente, es una fuga urgente para dejar las distracciones a un lado y conseguir que tu chico se concentre en ti.

Puedes también planear una salida improvisada. Sólo necesitas hacer cuatro cosas:

1. Alquilar o conseguir prestada una cabaña en el campo. No necesitas nada extraordinario ni especial; simplemente una casa fuera de la ciudad.

2. Disposición para fugarte y tener sexo apasionadamente.

3. Llevaros cepillo de dientes y ropa interior limpia.

4. Convencer a tu chico de que este fin de semana será diferente y que no estás dispuesta a pasarte en casa tirada en la cama viendo televisión. A veces seguir vuestro impulso de huir del mundanal ruido, sin planificar nada, es la mejor manera de que todo salga perfecto.

63. Acariciados por las olas

Podría creerse que la mayoría de hombres estarían encantados de ser seducidos en la playa; pero no te fíes, también puedes encontrarte con el caso de algún «gallina» que sienta pánico de llenarse de arena. Entonces, tendrás que ser lo suficientemente persuasiva para que olvide todos los inconvenientes de la arena, además de los peligros de ser vistos *in fraganti*.

Para comenzar, reconoce primero un poco el terreno o llévalo a una playa que ya conozcas y sepas que está poco vigilada y frecuentada… una vez tengas el territorio preparado, simplemente relájate y disfruta de todas las delicias de la playa: haz una siesta con él, deja que la energía estimulante del sol le libere del estrés y hazle un sensual masaje con la crema bronceadora.

Tener sexo en la playa a la luz del día puede parecer más complicado de lo que es, pero después de un relajante baño de sol y un masaje sensual, será muy fácil arrastrarlo hasta el mar o hasta algún recóndito escondite para reclamar lo que tanto deseas y mereces. Si lo tienes dentro del agua contigo, rodea sus hombros con tus brazos enrolla tus piernas alrededor de su cintura. Si la situación se da en tierra firme, ¡todo dependerá del escondite que hayas encontrado!

Ten presente que en la noche todo es más fácil: menos público, más oscuridad, la romántica compañía de las estrellas y la luna, y vuestros cuerpos en la orilla acariciados por las olas. Aunque, ¿por qué no tomar dos dosis de sexo cada 24 horas de playa? Una diurna y una nocturna. Si nada de esto ocurre romántica y espontáneamente, dile directamente que una de tus fantasías sexuales es hacerle el amor en la playa. Verás como se apresura a satisfacerte...

64. Cita en la habitación

Prepara una velada sexual romántica y pasional. Ésta es una estratagema fácil, simple y muy práctica para enloquecerlo en la cama. ¿Qué hombre no disfruta de una mujer invitándolo a tener sexo?

Los primero que tienes que hacer es llevar a cabo un perfecto ritual de belleza para estar radiante y hermosa cuando vayas a recibir a tu invitado especial. Luego deberás preocuparte por el salón de la recepción: tu habitación; llénala de velas de colores, pon unas sábanas de seda en la cama... prepara un escenario erótico.

Cuando tú y tu habitación estéis debidamente preparadas para recibir al príncipe que hará realidad todas tus fantasías sexuales, llévalo a cenar y procura darle un poco de vino para que se ambiente. Invítalo a tu casa, siéntalo en la sala y cítalo en tu habitación, pero hazlo esperar quince minutos... serán los quince minutos más largos de su vida.

Ve a tu habitación, enciende todas las velas, prende incienso y ponte el atuendo más sexy que tengas; un camisón de encaje, un conjunto y un liguero despampanantes o un atrevido disfraz. Acomódate «artísticamente» en la cama y espera hasta que entre tu invitado para comenzar con una intensa y erótica velada pasional.

Juegos y juguetes atrevidos

65. Sexo mudo

Entrégale las llaves de tu piso, cítalo a una hora exacta y prohíbele que diga una sola palabra. Una «cita muda y exclusivamente sexual», más que una técnica, es un pacto erótico especial. También podéis practicarlo aunque viváis juntos. Si quieres un poco de morbo, pacta con él.

El acuerdo es el siguiente: tú y tu chico no tendréis ningún tipo de contacto durante todo un día, las llamadas están prohibidas... La única «aproximación» que podréis tener dentro de las 24 horas convenidas será en la noche y sólo para hacer el amor salvajemente. ¡No podréis compartir otra cosa más que sexo! Nada de conversaciones, confidencias ni saludos.

Así es como debería ocurrir: tú estás en la cama acostada, con las luces apagadas, dispuesta a todo. Él abre la puerta de tu casa (o de vuestra casa), entra sin encender la luz y silenciosamente. Se mete en tu cama, te besa apasionadamente, te acaricia en zonas estratégicas, te quita la ropa interior y te hace el amor salvajemente sin llegar a desnudarte del todo. Sin pronunciar una sola palabra, se viste y se marcha de casa. Si vivís juntos, puede aprovechar para quedarse en casa de un amigo, pasar la noche en casa de su hermano o algo similar ¡Habréis cerrado el pacto más erótico de vuestras vidas! Pero debéis tener cuidado si pasáis la noche separados y vivís juntos para que vuestra familia no piense que estáis en crisis...

66. Competitividad a dúo

A todos los seres humanos nos gusta triunfar. Siempre preferiremos ganar; no importa si es en los asuntos más triviales o en los más importantes de nuestras vidas. Esto es el sentido de la competencia, condición humana que es inevitable hasta en el sexo. Desafíalo y sedúcelo.

Rétalo a ligar, proponle una batalla amistosa y sexy: ir juntos a una fiesta o un bar, simular que vais por separado, coquetear con otras personas y ver quién es el primero en ligar. El atrevimiento, la seguridad en ti misma y la complicidad que necesitas para proponerle algo así, lo harán babear. ¡Asegúrate de ganar!

Si tu relación no es lo suficientemente estable, o tu chico es de esos a los que ninguna mujer se le puede resistir y prefieres no arriesgarte, proponle una competencia mucho más sencilla, como una guerra de almohadas, un pulso para ver quién tiene el antebrazo más fuerte o una lucha de aceite en el salón que podréis realizar si cubrís el suelo con toallas gruesas o mantas y ponéis encima un plástico. Se trata de derribar al otro yendo los dos vestidos sólo con diminutos bañadores. El placer que él encontrará en estas simples batallas estará en tener contacto físico contigo y ¡ganar!

67. La ley del mercado

Es imposible dejar a un lado la psicología masculina si quieres triunfar. No se sabe si es un instinto animal o simple cuestión de orgullo, pero todos los hombres desean más a su chica cuando otros hombres la miran. Esta típica reacción masculina que seguramente ya habrás detectado en tu chico es el «reflejo de retención de la pareja».

Para mantener despierta la llama del deseo en un hombre no basta con hacerle el amor como una experimentada amante y sacarlo de la rutina de vez en cuando; también hay que despertarle el «reflejo de retención de la pareja» y recordarle que eres «su» chica y que hay muchos hombres como él que también te desean. Para hacerlo, tienes que atacar con todo tu poderoso armamento femenino, coquetear y conseguir la mirada de otros chicos cuando él esté presente. Pero no lo hagas de forma evidente ni te excedas para no provocar un ataque de celos. Se trata de recordarle que eres una mujer sexy que despierta pasiones, pero que le has elegido a él.

68. Cupones sexuales

Si quieres sorprenderlo con un detalle romántico, pero sexy al mismo tiempo, envíale unos tentadores cupones sexuales. Prepara cinco vales y en cada uno especifica cualquier regalo sexual que estés dispuesta a darle. Por ejemplo, «presentando este cupón tiene derecho a una felación debajo de una mesa» o «presentando este cupón tiene derecho a un polvo en el ascensor de X edificio», etc.

Él tendrá derecho a reclamar todo lo que estos cupones le ofrecen a cualquier hora y en cualquier lugar. Envíale a la oficina un sobre con una tarjeta y cinco picantes cupones, con cinco irresistibles ofertas. Le gustará tanto tu regalo que la próxima vez querrá un talonario con cien cupones igualmente pervertidos.

69. Al escondite inglés

En el sexo todo es válido siempre y cuando sea algo excitante y creativo; hasta recordarle la niñez puede convertirse en un sexy incentivo. Vuelve a la infancia por unos minutos y juega con él al escondite inglés. Apaga las luces de la casa, desconecta el teléfono, escabúllete y desaparece en algún rincón de la casa hasta que él te encuentre.

Pídele que cuente hasta cien con los ojos cerrados, y al igual que cuando eras una niña, corre a esconderte; pero no te pases de lista: si quieres sexo, ¡métete en donde pueda encontrarte! Le encantará verte transformada en una cría juguetona; pero más le gustará encontrar una mujer muy sexy, escondida esperándolo para tirársele encima. Para hacer más morboso el juego, puedes quitarte estratégicamente algunas prendas de ropa.

70. Dulce despertar

Pon tu despertador a la misma hora de siempre pero decide salir de casa en ayunas o no te maquilles. Esta vez, el tiempo que tardas en esas acciones cotidianas tan poco emocionantes se lo dedicarás a pasártelo en grande y en darle un dulce despertar:

Mete las manos entre las sábanas, hurga, llega hasta su pene, y acarícialo hasta que esté provocativamente erecto. (Muchas veces este trabajo te lo ahorrarás gracias al «duro despertar» que tienen la mayoría de los hombres). Siéntate encima de él y hazle el amor. No importa que esté teniendo el mejor de los sueños… ¿Qué mejor manera de comenzar el día que un «polvo mañanero»? Otra variante es que le hagas una felación: a la mayoría de los hombres les encantaría empezar el día así.

Lo que debes tener en cuenta para que sea un dulce despertar:

- **Lávate los dientes** antes de comenzar con el plan.

- **Si tu chico es extremadamente perezoso,** será mejor que no lo intentes un sábado por la mañana, ni si al día siguiente tiene una importante reunión de trabajo. Aunque por algo así, seguro que rompe sus normas gustosamente…

- **Si tienes una buena** relación con él y una vida sexual feliz, podrás hacerlo cualquier día.

- **También puedes darle** un dulce despertar a las tres de la madrugada, no importa la hora sino cómo lo vas a despertar.

71. Sexo tántrico

El Tantra es una antigua práctica oriental que consiste en crecer espiritualmente a través de la sexualidad. No entraremos en detalles porque conocer todo su ritual y filosofía es largo y complejo. Por ahora, para enloquecerlo en la cama, sigue algunos consejos de los sabios maestros sexuales de oriente y demuéstrale que puedes y puede hacerte el amor durante más de tres horas:

- **Alquila una habitación** en un hotel o elige cualquier lugar con un ambiente tranquilo y silencioso. Lo único complicado que tiene el sexo tántrico es mantener la paciencia de un hombre excitado; cualquier distracción te lo hará más difícil.

- **Desnúdate,** siéntate en el suelo o en la cama. Recuesta tu espalda contra la de tu chico y sincroniza tu respiración con la de él. Debéis permanecer en esta posición durante diez minutos. ¡Prométele que su paciencia será justamente recompensada!

- **Ahora siéntate enfrente de él** y míralo fijamente a los ojos. Pon tu mano sobre su corazón, siente su latir e invítalo a que él también sienta los latidos de tu corazón. Está prohibido tocar otras partes del cuerpo que no sean las indicadas.

- **Frótate las manos** para generar calor y energía, y pídele a él que haga lo mismo. Luego unid vuestras manos abiertas y permaneced sintiendo los dedos y la palma de vuestras manos durante cinco minutos. Si has conseguido llegar hasta aquí sin que pierda el control, ¡espera porque ahora viene el mayor reto!

- **Continúa mirándole** a los ojos fijamente y comienza a besarlo. Acarícialo y deja acariciarte durante una hora, pero sólo las manos y la cara. A él le costará mucho mantener la calma, pero insiste... vale la pena resistir, el final será espectacular.

▨ **Hazlo acostar,** siéntate encima de él e introdúcete su pene en la vagina. ¡No te emociones!.... sólo están permitidos dos centímetros de penetración. Mueve tus músculos del amor y mantén la pelvis sin mover. Si alguno de los dos se está excitando demasiado, será necesario parar un poco.

▨ **Los expertos del Tantra** recomiendan beber agua mineral y comer frutas en el intermedio, pero si prefieres no seguir las reglas... ésta es la única que podrás romper: come chocolate y bebe cava. También puedes sustituir el chocolate por fresas si es la temporada.

▨ **Busca otra posición cómoda.** Nuevamente, sólo dos centímetros de penetración están permitidos... ¡Por favor, resiste!

▨ **Después de haber resistido** besos, caricias y penetraciones superficiales, te lo mereces: déjate llevar... adopta todas las posiciones posibles hasta encontrar la más excitante...

72. Juegos de mesa sexys

Los principales y más atractivos trucos utilizados por las geishas del antiguo Japón para seducir a los hombres eran los juegos eróticos. Desde muchos siglos atrás, los japoneses y otras culturas orientales han utilizado y desarrollado el arte de jugar con el sexo.

Nada como un irresistible juego erótico para romper el hielo después de un período de abstinencia o para variar y salir de la monotonía sexual. Si quieres seducir ingeniosamente a un hombre, pon en práctica y aprende algunas travesuras sexuales y ¡a jugar!

Los juegos —que podéis hacer vosotros o comprar en un establecimiento especializado— pueden ser tan simples como dos dados: en uno figuran diferentes acciones como chupar, besar, lamer o pellizcar y en el otro diferentes partes del cuerpo. A cada tirada de dados corresponde una acción. También podéis jugar con un bote lleno de atrevidas acciones sexuales: vais sacando por turnos y cada uno debe hacer lo que le marque el papelito. Este juego puede ser especialmente atractivo si escribís en los papeles vuestras fantasías. No hace falta que quedéis para jugar: en cualquier momento uno puede regalarle al otro la oportunidad de sacar un papel y que lo entregue a su pareja para cobrar su premio... Otra opción es un clásico strip póquer en el que vayan cayendo vuestras prendas...

Si estáis en un fase realmente atrevida y estáis seguros de que no vais a tener problemas de celos, quedad con varias parejas para jugar a un juego de mesa con temática sexual. Normalmente suele haber varios niveles: pactad cuál es el vuestro.

73. Juguetes sexuales

Hay muchos adminículos en el mercado que sirven para hacer más variado y divertido el sexo. Id sin manías los dos a un sex shop y curiosead. ¿Os imagináis las múltiples posibilidades de un tanguita con vibrador que se puede accionar a distancia? ¿O de una mariposa vibradora que se coloca en los pezones o en el clítoris? ¿O de un vibrador que succiona y que puede aplicarse en pezones, clítoris o glande? ¿o de un tanga de cuero y tachuelas? ¿O de un tanga que deja al descubierto el pene? ¿O de una extensión de pene con la que hacer alguna diablura? ¿O de un arnés que permita sujetar un consolador y que seas tú quien le penetre a él? ¿O de unas bolas chinas que luzcas en tu interior y vibren suavemente como respuesta a tus movimientos sin que las personas que te rodean lo sepan? ¿O de un huevo vibrador que puedes introducir en tu vagina? ¿O de un consolador que él puede accionar con su mano para hacerte feliz y disfrutar de un espectáculo único?

Recordad que no hay nada malo en experimentar cosas nuevas en el sexo y que tocaros o usar juguetes sexuales es algo natural; tan natural como la curiosidad y las ganas de pasarlo bien.

74. El vibrador

Existen muchos mitos alrededor del vibrador. Muchos hombres piensan que es una herramienta muy sexy, pero, a la vez, no dejan de verlo como una amenaza a su exclusivo instrumento genital; lo cual es cierto en parte. El vibrador es un juguetito muy interesante y hay muchas maneras de disfrutarlo. No tienes que ser tú necesariamente la única que goce de sus beneficios.

Para que él también pueda disfrutar las bondades del vibrador, utiliza este aparatito como si fuera una extensión de tu mano. Pásalo suavemente por los puntos más sensibles de tu pareja. Le encantará sentir vibraciones en los pezones, en el escroto, en el ano y en los testículos.

El vibrador no tiene que usarse únicamente «en lugar de»; también puede usarse como un complemento más. Por ejemplo, una de las mejores situaciones para usarlo es cuando haces el amor en la posición del «perrito» o cuando tú estás arriba. A ti te enloquecerá estimularte el clítoris con el vibrador, y él se deleitará viendo cómo lo usas. También puede ser él el que lo use contigo e incluso en una tórrida sesión de sexo telefónico te puede pedir que te masturbes con el vibrador para él. Atención a las diferentes clases de vibradores: hay algunos que pueden usarse bajo el agua, otros que tienen un pequeño apéndice con el que estimular el clítoris, etc...

75. Juguetes para él

En cualquier sex shop encontrarás todo tipo de juguetes sexys y útiles para que el pene de tu chico realice nuevas hazañas y renueve el inventario de sensaciones que tiene para ti. Acércate a una de estas tiendas y pillarás algo divertido.

Descubre uno de los complementos más interesantes que existen para revestir el pene: unas bandas elásticas diseñadas de manera que se acomodan al tamaño del pene, vienen equipadas con diferentes texturas y sirven para estimular tu vagina. Compra diferentes modelos: con estrías, con pelusas, con pestañas, con perlas y con todo tipo de protuberancias y pídele a tu chico que te dé una sexy sesión de cosquillas vaginales.

Hay muchos juguetes para él: cremas especiales para hacer más placentera y resbaladiza la masturbación (no usar para realizar el coito), succionadores con los que estimular su pene, etc...

76. El anillo mágico

Otro fantástico juguete para que el pene de tu pareja se vista de fiesta es el conocido *cock ring* o 'anillo para el pene'. Un pequeño aro que puede ser metálico, de piel o de plástico y que encaja perfectamente en la base del pene. También los hay diseñados para llevar alrededor de los testículos o algunos que funcionan como un cinturón y pueden adaptarse a cualquier tamaño.

El efecto de este prodigioso anillo mágico es que la sensación y la duración de la erección se intensifican. Él sentirá el pene más hinchado y grande, así que maravillado con su esbelto instrumento, hará el amor como un desquiciado. Lo cual, para ti, significa más placer durante más tiempo.

Hay algunos modelos que tienen un apéndice que sirve para estimular el clítoris durante el coito. También hay anillos vibradores que se prestan a múltiples juegos, como que le hagas preguntas y los acciones si acierta o si falla; tú marcas las reglas del juego...

77. Perlas orientales

Las perlas orientales son un antiguo juguete erótico que usaban las mujeres asiáticas para excitar a sus amantes. Consisten en una serie de pelotitas insertadas en una cuerda. Su nombre se debe a que originalmente eran perlas, pero hoy en día los sex shop las venden fabricadas de todo tipo de materiales.

Son perfectas para insertarlas delicadamente en el ano masculino, preferiblemente lubricadas. Sácalas de golpe cuando tenga un orgasmo y verás en su cara lo que puede llegar a sentir. Querrás probarlo tu también y podrás pedirle que las ponga dentro de tu vagina. Aunque tal vez él ya se te haya adelantado y las haya comprado para ti...

78. Cartas eróticas

Desdóblate, llega a la conclusión de que nunca conociste el pudor y la vergüenza, e inspírate para escribirle la carta más obscena que jamás se te pueda ocurrir. Describe exacta y detalladamente todo lo que te gustaría hacerle. Si tu chico es un hombre pícaro y malicioso, no podrá contenerse. Si es conservador y recatado, se atragantará pero después de tomar un poco de agua te adorará. Si es un hombre tierno y romántico, pensará que está leyendo correspondencia ajena, pero finalmente lo disfrutará.

Escribirle una carta así a un nuevo amante es un riesgo que puedes correr si quieres, pero es mejor guardar las obscenidades y fantasías sexuales como arma de contraataque para tu compañero. Cuando la rutina de la cotidianidad y el amor hayan mermado el morbo y quieras darle una inyección de apetito sexual a tu pareja, escríbele una de estas cartas y ¡estrenarás amante!

79. Relato erótico a dos voces

Construir una fantasía sexual entre los dos es un juego erótico muy divertido, pero antes de comenzar a divertirse es muy importante establecer reglas y límites para evitar disgustos. Por ejemplo, puedes pactar con él no fantasear con terceros o no incluir violencia dentro del juego, este tipo de decisiones son cosa vuestra.

Instrucciones:

1. En una hoja en blanco, describe una escena. Por ejemplo: «Es un día frío y lluvioso, me encuentro en un bar de mala muerte tomando una copa y he tenido que quitarme la ropa interior y guardarla en mi bolso porque me sentía algo incómoda...».

2. Pasa la hoja a tu chico para que escriba dos frases y continúe con su parte de la historia. Por ejemplo: «Entré en el bar que está a la salida de mi trabajo y me senté solo en una mesa, desde donde pude ver una linda chica que me produjo una fuerte atracción; no podía quitar mis ojos de las delgadas piernas que se asomaban coquetamente por entre la barra y su corto vestido rojo...».

3. Vuelve a retomar la historia tú y así sucesivamente... Debéis turnaos el papel y el ritmo de la historia.

¡Inténtalo! Es un juego muy divertido. Seguramente terminaréis todas las partidas en el suelo con apasionados revolcones. Además, puedes recurrir a la tecnología para jugar de formas diferentes. Podéis crear una fábula erótica chateando o por correo electrónico, pero tendrás que concertar una cita para poder terminar la partida como se debe.

80. Naipes porno

En cualquier sex shop puedes comprar diferentes variedades de naipes eróticos, pero será más divertido si lo haces tú misma o en compañía de tu chico. Inventar, dibujar y escribir tu propio juego de cartas será un ejercicio que estimulará los pensamientos libidinosos.

Un juego de cartas erótico se divide en dos barajas. Una donde se especifican diferentes partes del cuerpo (ombligo, pezones, tobillos, etc.) y otra, en la que se mencionan acciones (besar, chupar, lamer, etc.). Si decides hacerlo tú misma, asegúrate de no olvidar ninguna parte del cuerpo y de imaginar todas las maravillas sexuales que pueden hacerse con el cuerpo humano.

Por turnos, cada uno saca una carta de la baraja de las acciones y una carta de la baraja de las partes del cuerpo. El azar indicará con qué acciones y sobre qué parte del cuerpo de tu pareja tendrás que hacer maravillas. Por ejemplo, si tu sacaste «lengua» y «morder», tendrás que morder sensualmente la lengua de tu chico durante cinco minutos. Deberéis continuar sacando cartas por turnos hasta que el ambiente esté tan caldeado que se imponga hacer el amor.

81. Atado e indefenso

Inmovilízale y aprovecha su estado indefenso para acariciarlo y provocarlo sin compasión. Átale las manos atrás en la espalda, arriba de su cabeza o asegúralas a la cabecera de la cama. Si utilizas un par de esposas —puedes conseguirlas en un sex shop; asegúrate de que no sean demasiado duras para no hacerle daño— conseguirás un efecto especialmente morboso, pero si no las tienes, puedes recurrir a tu bufanda, su corbata o cualquier pedazo de tela.

Una vez dominado y atado enséñale a usar la boca para que saboree, lama, chupe y bese todas las partes de tu cuerpo. Lo único que tienes que hacer es ponerle al alcance de la boca cada rincón de tu cuerpo que quieras que toque. Si quieres que succione tus pezones, no te limites a acercarlos a su boca, sino que suavemente hazle cosquillas con ellos alrededor de los labios, la nariz o la barbilla.

Conviértelo en tu juguete favorito, haz con él lo que tengas ganas. Siéntate sobre su cara y contorsiónate para escurrirle la lengua entre las orejas. Acaríciale, chúpale y bésale todo el cuerpo; querrá devorarte y no podrá resignarse a estar maniatado, así que se verá obligado a hacerte el amor con el resto de su cuerpo. Frotará su cuerpo contra el tuyo, te acariciará con la planta de los pies y lamerá tu espina dorsal… encontrará mil posibilidades; cuando resucites después de este éxtasis, pídele que también ate tus manos.

82. Reto orgásmico

Si crees que él es lo suficientemente competente, sugiérele el siguiente juego: quien primero tenga un orgasmo pierde y tiene que invitar a cenar, pagar una considerable suma de dinero o hacer la vertical desnudo durante dos minutos. El ganador elige el premio.

Para que quiera jugar contigo debes despertar su sentido de la diversión y motivar su ego, ¡los hombres no pueden resistirse a los retos, y menos aún si son sexuales! Haz toda la trampa que puedas y dile a los oídos las mejores obscenidades que se te ocurran; si es necesario incluir el nombre de su celebridad femenina favorita, no lo dudes, y descríbele pervertidas situaciones.

Puedes jugar con él en diferentes situaciones: en público, por teléfono o solos en casa. También puedes añadirle componentes como plumas, vibradores, frutas y películas porno. Tu eliges, pero antes de decidir quién comienza o qué componentes vas a utilizar piensa si estás dispuesta a perder o a ganar.

83. Bailarina de strip-tease

Desvístete seductoramente comenzando por el torso. Deja que tu blusa se deslice y suavemente destape tu piel, de manera que él apenas pueda entrever el contorno de tus senos. Estira y levanta ágilmente una pierna y apóyala sobre él, o sobre la silla en que está sentado. Sácate las medias y enróscalas en su cuello. Contonéate todo el tiempo, mueve tus caderas hacia los lados y en círculo, y gira sobre ti misma.

Acércate y pídele que desabroche los botones de tu falda. Cuando lo haya hecho, date la vuelta. Inclínate bailando y comienza a desabrocharte el sujetador, gira rápidamente y ponlo sobre su cara. Ahora que sólo llevas puestas las bragas, baila tocándote los senos y el monte de Venus, acaríciate provocativamente frente a él y mastúrbate.

Cuando creas que ya no puede resistirse más, quítate las bragas y entrégaselas como símbolo de tu sumisión sexual. Guía sus manos para que continúe con la tarea de tu masturbación o entrégale el mando de la situación y que él decida qué hacer con su sensual bailarina.

Si de verdad quieres dejarlo a punto de caramelo, prepara un auténtico strip-tease. ¿Quieres ver un hombre caliente y desesperado? Transfórmate en una bandida, en una tierna conejita, en una pervertida sirena… ¡Disfrázate de lo que sea! Pero hipnotízalo quitándote de encima prendas y más prendas. Ponte ligueros, máscaras, pelucas, guantes, cinturones, plumas y todos los accesorios que puedan darle morbo a tu lujurioso personaje.

84. Ha perdido usted... una esclava sexual

Llámalo al trabajo: ¡vas a tomarle el pelo y a calentarlo! Finge la voz: «Buenos días, señor. ¿Quiere ser usted el afortunado ganador de las más intensas horas de placer en el día de hoy?»… Espera que te siga el juego o que se ría y te pregunte qué quieres.

Tu le explicarás que tiene que responder a una pregunta y que si lo hace correctamente será el afortunado ganador de una esclava sexual que estará a su disposición durante dos horas y que, si no conoce la respuesta correcta y pierde, tendrá que ser él quien se rinda a la esclavitud, sólo para ti y durante tres horas.

Busca una pregunta moderadamente difícil para que se sienta realmente retado; si no conoce la respuesta no dejes que se desanime, prométele más oportunidades para otro día. Si continúa perdiendo una y otra vez, tú continúa dándole ánimos y esperanzas para que algún día consiga llevarse el premio de tu esclavitud sexual.

85. Adivina adivinador, el sabor

Se trata de un juego muy apetitoso, diseñado para los refinados del paladar y del sexo. Unge tu vulva con miel, nata, helado o algún aceite de sabor a frutas. Él tendrá que lamer y degustar hasta que adivine qué sabor tienes. Lo más justo es que vayáis por turnos y él también ponga en su pene algún misterioso sabor que tú tendrás que adivinar.

Está prohibido entrar en otro tipo de lúdicas amorosas hasta que el catador de sabores adivine a qué saben los genitales de su pareja. Esto, si quien lleva el sabor puesto es capaz de resistir las eróticas degustaciones de su adversario. ¿Y el ganador?... ¡Sólo tú podrás decidirlo!

86. Multas sexuales

En un mundo perfecto, podrías intercambiar multas sexuales jugando al billar con tu chico, pero a menos que tu economía te permita comprar una mesa de billar, es razonablemente imposible. Así que confórmate con un parchís; las satisfacciones sexuales serán igualmente gratificantes.

Instrucciones:

1. Cada uno de los jugadores tendrá que hacer una lista de multas para el adversario, es decir, una lista de «perversidades» que quisiera que su pareja hiciera.

2. Ambos jugadores pondrán en una taza o bolsa, todas las multas que han elegido («perversidades»). Cada una irá escrita en

un trozo de papel diferente y bien doblado para que no pueda verse lo que está escrito.

3. Cuando los dos jugadores tengan dispuestas y preparadas las «multas sexuales», comienza la partida de parchís.

4. Cada vez que un jugador tenga que devolver una ficha al principio del parchís, deberá pagar una multa.

5. La multa consiste en cumplir con alguno de los deseos sexuales escritos por su pareja. Así que el multado deberá sacar de la taza o bolsa del adversario la respectiva multa, leerla en voz alta y cumplirla.

6. El jugador que gane la partida de parchís, si es que ninguna multa erótica lo impide, tiene derecho a ponerle una multa «extra» al perdedor.

87. Tira los dados

Este divertido juego de tirar y tirar los dados está basado en la idea de que la mente es la parte más erótica del cuerpo. En teoría, podemos tener un orgasmo producido por nuestra imaginación y este juego es una buena forma de practicar para conseguirlo. Será fácil convencer a cualquier hombre de hacer el intento.

Instrucciones:

(Sólo necesitas un par de dados y un hombre).

1. Los dos jugadores deben sentarse en el suelo, uno enfrente del otro.

2. Ambos jugadores deben mirarse durante cinco minutos, sin pronunciar una sola palabra y teniendo pensamientos eróticos con el adversario. Por ejemplo, imagina la parte del cuerpo de

tu chico que más te gusta y piensa en lo que te gustaría hacerle. No vale tocar.

3. Cada uno de los jugadores tira los dados. El que saque los números más altos indica qué prenda debe quitarse el contrario.

4. Cinco minutos de contemplación y malos pensamientos. Prohibido tocar.

5. Volved a tiraros los dados, pero esta vez quien saque el número más alto le indica al adversario una parte del cuerpo que este mismo debe acariciarse (el perdedor debe automasajearse).

6. Volved a entrar en estado contemplativo por cinco minutos

7. Volved a tirar los dados. Quien saque el número más alto tiene que acariciar con la lengua al adversario en alguna parte de su cuerpo durante treinta segundos. Ni una sola milésima de segundo más.

8. Repetid la secuencia anterior hasta que ambos jugadores pierdan el control y olviden las reglas del juego.

88. Pintura sobre el cuerpo

En cualquier tienda de disfraces o en un sex shop encontrarás pinturas corporales de colores que se enjuagan fácilmente con el agua. Compra tus colores favoritos, aprovecha algún día que tengas planeado estar tranquilamente en casa con él y dedícate a pintarle todo el cuerpo. El efecto del pincel húmedo sobre la piel le producirá una erótica y relajante sensación.

Una vez hayas pintado todo el cuerpo de tu chico, invítalo a que haga lo mismo contigo. No será difícil convencerle; es una travesura irresistible para el niño que todos los hombres llevan dentro. Después de los agasajos realizados por el pincel, y ante la sensualidad de dos coloridos cuerpos, estas eróticas manualidades terminarán en un collage sexual y en un orgásmico baño de limpieza compartido. Otra opción es que, sin avisarle, te depiles el pubis y decores tu sexo con algún dibujo estimulante o le pongas una carita voluptuosa.

89. Sesión de dibujo

Ni tu chico ni tú necesitáis ser unos artistas; sólo precisáis papel, lápiz y desearos mucho. Con esta práctica erótica, darás a tu chico la oportunidad de profundizar en tu figura y deleitarse con la forma de tu cuerpo. Ten presente que es una actividad romántica y prepara muy bien el espacio de trabajo: desconecta el teléfono y asegúrate de que la habitación esté bien iluminada.

Dedícate a posar para él por lo menos durante media hora —mejor aún si es una hora—, de manera que pueda esbozar tu cuerpo en diferentes posiciones, vestida, semi desvestida y desnuda. Relájate, escucha el suave sonido del lápiz contra el papel y deja que admire tu cuerpo pacientemente.

Lo cierto es que no será fácil convencer a cualquier hombre. Tal vez uno muy romántico acepte fácilmente, pero de todas formas le costará esperar semejante preámbulo antes de hacerte el amor. Trata de convencerlo diciéndole que sólo tardará quince minutos y enséñale que tener paciencia y saber esperar algo que deseas multiplica el placer de conseguirlo finalmente.

90. Besos helados

Compra dos litros de helado, uno de tu sabor favorito y otro del sabor preferido por él. Invítalo a casa y prométele un delicioso postre: su helado favorito servido especialmente para él sobre ti; o simplemente, cuando esté desnudo y muy excitado, refréscale la «calentura» con un reguero de helado sobre su piel. ¡Alucinará!

Esparce helado por todo tu cuerpo y deja que él deguste el delicioso sabor de tu piel congelada y embadurnada. Llénalo de helado a él también y saboréale la espalda, el abdomen, el pene y los pezones. Todas las partes del cuerpo de tu chico serán como golosinas entre las manos y la boca de una niña glotona.

El sabor y los disparates son ingredientes indispensables para el buen sexo. Prueba esta helada y dulce jugarreta sexual para que se vuelva adicto a tu amor. Será un espectáculo similar al de un par de hipopótamos enamorados revolcándose en un pantano... de helado.

91. Penetración helada

Sigue las siguientes instrucciones:

1. Compra un polo de hielo.

2. Saborea sensualmente el polo en la boca de tu chico para que él también pueda saborearlo.

3. Después de que los dos hayáis degustado el jugoso polo, introdúcelo delicadamente dentro de tu vagina y mastúrbate de forma que él pueda verte.

4. Sólo podréis hacer el amor cuando ninguno de los dos pueda soportar más la excitación y ambos hayáis perdido el control.

¡Nunca olvidará la erótica escena de tu masturbación, ni tú la placentera y deliciosa sensación de una original, sexy y helada penetración!

92. Picnic de placer

Prepara un exquisito picnic para mimarle el gusto sexual y del paladar. Consigue una buena provisión de frutas frescas. Puedes elegir las que más te gusten, pero hay algunas frutas que son eróticamente más recomendables que otras. Los plátanos, las uvas, las cerezas y las fresas, por ejemplo, tienen formas y colores de gran connotación sexual.

Acaríciale el pene con la punta de una fresa previamente humedecida con tu lengua. Después de deslizar la fruta por la suavidad y fuerza de su erección, llévate la fresa a la boca y devórala con sugestivos mordiscos. Acaríciate un pezón con una frambuesa o una grosella y ofréceselo para que lo tome...

Ponte frente a tu chico y comienza una tropical sesión de masturbación. Inserta delicadamente un plátano en tu vagina y muévelo de la manera que más lo disfrutes. Cuando estés muy excitada, saca el plátano de tu vagina y dáselo de comer a tu chico poco a poco. También puedes convidarlo a probar un deliciosos cóctel de frutas servido dentro de ti. Inserta cerezas o fresas en tu vagina e invítalo a comérselas

La gracia y el encanto de este picnic de placer están en que os estiméis y acariciéis mutuamente con diferentes frutas, y luego os alimentéis sensualmente con ellas. También puedes utilizar los jugos y texturas de las frutas para darle un sabor y tacto diferentes a tu piel o a la de tu chico. ¡Tu pareja, tú y esas frutas estarán deliciosamente irresistibles!

Extiende el placer
a todo el cuerpo

Disfrutando de la variedad

93. Juegos preliminares

Los juegos preliminares son el preámbulo al coito que tanto disfrutamos las mujeres y tanto les cuesta al sexo opuesto. Algunos hombres son conscientes de la importancia que tienen para las mujeres las caricias previas al coito, pero no saben cómo hacerlo o simplemente no son capaces de controlar la ansiedad producida por una erección. Llegados a este punto, después de disfrutar los apartados anteriores, seguramente tu chico ya habrá empezado a comprender lo importantes que son los juegos, aunque quizás prefiera juegos más originales y todavía no valore el placer de las caricias. Enséñale cómo relajarse y disfrutar de los juegos preliminares. Para demostrarle a un hombre que el jugueteo sexual puede ser más intenso o por lo menos igualmente placentero que un coito, sólo tienes que hacer que lo experimente y que compruebe por sí mismo las maravillas de un buen preámbulo antes de hacer el amor.

Haz que se siente o se tumbe relajado a tu lado y concéntrate en las caricias y en su ritmo. Cuando sientas que se le acelera el pulso, merma la intensidad con que lo estés tocando y estimula alguna parte menos sensible de su cuerpo. Si él se pone ansioso y no quiere esperar más, susúrrale al oído algo inteligentemente sexy y hazle entender que aún no estás preparada o que te sientes tan bien con sus caricias que quieres disfrutarlas por más tiempo.

Ingéniatelas para alargar el plazo de llegada de la penetración con caricias, mordiscos, besos, lametones, palabras que le hagan sentir sexy.....

Si en lugar de acariciarlo directamente en las zonas más erógenas de su cuerpo le haces un masaje relajante, lograrás mantenerlo en un nivel de excitación más controlable. Si tienes paciencia, poco a poco irá descubriendo el placer de los juegos preliminares, aprenderá a complacer y a dejarse complacer con extensas sesiones de erotismo y contemplación. Una vez logres refinar y pulir su control sexual, se volverá adicto a los juegos preliminares.

94. Los masajes

Un buen masaje es uno de los mejores juegos preliminares que puedes practicar para que tu chico esté muy caliente antes de «comértelo». Probablemente los masajes son uno de los preámbulos favoritos del género masculino. Reúne los siguientes ingredientes e hipnotízalo con tus manos:

Ingredientes:

- Un hombre recién bañado.
- Una cama o una camilla de masajes.
- Una habitación limpia y poco iluminada.
- Velas e inciensos.
- Aceite para masajes o aceite para bebés aromatizado con esencias naturales.

Asegúrate de tener las uñas de las manos cortas y limpias. Desnúdalo y hazlo acostar sobre la cama o la camilla. Pídele que respire despacio y profundamente, puedes guiarlo con tu propia respiración. Unta tus manos de aceite y, cuando esté relajado, comienza a deslizarlas suavemente por todo su cuerpo.

Comienza el masaje por cualquier parte de su cuerpo y varía las caricias, utiliza tanto las palmas como los dedos de tus manos. Lo más importante es que hagas el masaje delicadamente y mantengas el contacto físico con él; procura no separar nunca tus manos de su cuerpo y mantener un ritmo constante. Empieza simplemente pasando tus manos sobre él sin presionar.

Luego presiona suavemente las palmas de tus manos contra su cuerpo, mueve los dedos como si lo estuvieras amasando, o haz relajantes y lentos círculos con ellos, y repite cada movimiento por lo menos tres veces. Recorre absolutamente todo su cuerpo, no olvides la cabeza, las manos y los pies; estimular estas zonas activa el apetito sexual.

Si quieres aumentar el erotismo de tu masaje, respira muy cerca de él para que sienta el calor de tu aliento o masajéalo con la punta de tu lengua alrededor de los pezones, el cuello, el abdomen o las axilas. Media hora después de estar entre tus manos, tu lengua y tus suspiros arderá de excitación, así que aprovecha, ponte un poco de aceite por todo el cuerpo, acuéstate junto a él y… ¡tú misma!

95. Patas de araña

Sorpréndele con un cosquilleante masaje erótico. Pon a trabajar las yemas de tus dedos con toques muy ligeros que estimularán no la piel, sino los pelos que la cubren, aunque sean prácticamente invisibles.

Acaríciale en los pezones y su entorno, el cuello, el pecho, el vientre, las partes interiores de los brazos, la parte central de la espalda, las plantas de los pies y las palmas de las manos, el escroto y el espacio entre éste y el ano.

Usa las dos manos a la vez o céntrate en una y haz ataques sorpresa con la otra donde menos se lo espere.

Puedes probar a hacer estas caricias con plumas y guantes de cerdas o con un juego de dedales cubiertos de materiales de diferentes texturas. Derretirá hasta a los hombres con menos sensibilidad en la piel.

96. Átalo a tus labios

Damos tantos besos, con tanta frecuencia y a tantas personas, que olvidamos que besar es todo un arte. Besas a tus amigos, besas a tus padres, besas a tu amante y terminas besando, por reflejo, casi a cualquier ser humano. Si quieres ser una amante ardiente tendrás que olvidar los «besos de cajón», pensar e inspirarte antes de juntar tus labios con los de tu chico.

Siempre que beses a un hombre déjate llevar y sé imaginativa. Concéntrate en sentir el roce de dos labios enfrentados; disfruta la sensación que produce la saliva; siente el contraste de temperaturas bucales y la transmisión de sensaciones químicas inexplicables. Un beso oportuno y espontáneo intensifica la atracción e, incluso, es capaz de despertar el magnetismo dormido entre dos personas.

La primera vez que besas a un hombre te lo juegas todo; o le das un beso inolvidable que lo enganchará o, simplemente, será un beso más. Un buen beso, justo en el lugar indicado, despierta el erotismo más dormido y recóndito que puedas imaginar. Aunque besar parezca sencillo, no lo es.

Usa tus labios, deja que tu lengua vaya y venga a su antojo, presiona fuerte y suavemente, succiona, lame y muerde. Tómate tu tiempo y responde sensitivamente a la acrobacia de sus labios y su lengua. Un buen beso es como un armonioso dueto, sintonízate con él.

97. Besos creativos

■ **Besa únicamente** las comisuras de su boca, son altamente erógenas.

- **Ofrécele el suave y tentador** interior de tus labios cuando lo beses profundamente; es un gesto muy íntimo y erótico.

- **Agárrale de la cabeza** y asáltale la boca a punta de besos. Acaríciale la cara y el cuello.

- **Recorre con tu lengua** sus encías y el borde de su lengua; cuando hayas hecho todo el recorrido, muérdele los labios suavemente.

- **Detente en medio de un profundo beso** y suspira sin apartarte de su boca para que sienta el calor de tu aliento. Es muy excitante.

98. Beso por sorpresa

Háblale y coquetea con él y, en un momento dado, acércate sin previo aviso y sin dejar de hablar y bésale dulcemente en los labios; mejor si el beso es algo húmedo.

Cuando él quiera seguir besándote, retírate con cierta rapidez y desconciértalo. Luego vuelve a iniciar el ataque por sorpresa. A medida que los ataques se vayan sucediendo haz que los besos sean más profundos y las retiradas más cortas pero más juguetonas.

99. El beso de *Ananga Ranga*

El *Ananga Ranga* es un antiguo texto indio parecido al *Kama Sutra*. Ambos son tratados sexuales tan maravillosos que hoy en día muchas personas estudian y practican los consejos recopilados en ellos. Valdrá la pena que intentes aprender un beso enseñado por el *Ananga Ranga*.

Pon tus manos suavemente sobre sus ojos y empuja tu lengua dentro de su boca. Los ojos cerrados acentúan el dulce sabor propio de la saliva. Mueve tu lengua dentro de su boca, de lado a lado y de adentro hacia fuera: que los juegos malabares de tu lengu le hagan intuir las maravillas que le esperan después de este delicioso beso.

100. Huellas de pasión

Todos los tratados orientales sobre el sexo mencionan el acto de morder y arañar como parte de la batalla del amor. Según estos tratados antiguos, mordiendo y rascando algunas partes del cuerpo se despierta el instinto animal sexual. Según el *Kama Sutra*: «Los lugares susceptibles de morderse son los mismos que se besan, excepto zonas muy sensibles como el interior de la boca y los ojos».

Estimula las zonas erógenas de tu chico con suaves mordiscos y arañazos; es una manera perfecta de comenzar con los juegos preliminares. Un ligero cosquilleo sobre la piel despertará su ánimo sexual y un suave mordisqueo en las orejas o en el cuello le provocará una gran excitación. Además, algunos hombres encuentran muy sexy las marcas de rasguños y mordiscos dejadas en sus cuerpos por el amor apasionado de una mujer.

101. Baño de cosquillas

Con una pluma, una boa o cualquier textura suavemente peluda dedícate a hacerle cosquillas despiadadamente por todo el cuerpo. Los lugares más vulnerables al irresistible estímulo de las cosquillas son los pezones, el cuello, el ombligo, las piernas, la nuca, la parte trasera de las rodillas, la planta de los pies, la cara y, por supuesto, el pene y sus alrededores.

Las cosquillas no sólo son un estímulo físico infalible perfecto para calentar a un hombre, sino que transmiten y transportan energía sexual y afecto.

102. Show privado

Preséntale el mejor show que jamás haya podido ver: mastúrbate delante de él. Está comprobado estadísticamente que esta técnica enloquece a un 99,9 % de los hombres. Si consideramos que sólo un 44 % de las mujeres se masturba, puedes suponer que serás la primera en hacerlo para él y, si no es así, pues déjate llevar para que sea el mejor espectáculo de su vida.

El mayor atractivo de esta técnica reside en que ver masturbarse a una mujer implica mirar y luego participar; una de las fantasías favoritas de todos los hombres. Aunque puedas pensar que es una práctica egoísta y dirigida únicamente a satisfacer tu placer, te equivocas. No imaginas lo que le puedes enloquecer si lo conviertes en el público de tu autosatisfacción.

Siéntate en una silla y hazle ver que no llevas bragas puestas. Acaríciate sensualmente y haz divagar tus dedos entre tu pubis, tu vagina y alrededores. Si crees que te sentirás más segura, practica a solas, y si perteneces al 56 % de las mujeres que nunca se masturba, convierte esta técnica en un reto personal desde ahora mismo... Masturbarte es absolutamente necesario para que puedas disfrutar del sexo con él.

No seas recatada ni tímida; todos los hombres sueñan con este tipo de espectáculos. Él estará desesperado por unirse al juego de tu masturbación, así que cuando veas que está a punto de desmayarse por sobredosis de lujuria, ¡ten piedad y permite que se una a ti!

103. Haz de voyeur

Mirar a un hombre masturbarse es extremadamente excitante y tiene dos grandes ventajas: 1) Luego podrás imitarlo y sabrás perfectamente cómo masturbarlo; 2) Él disfrutará el morbo de tu mirada y tú estarás fascinada de verlo. Así que no te lo pierdas y pídele que se masturbe para ti.

Es posible que algún hombre se sienta intimidado si le pides que se masturbe, así que puedes inspirarle un poco de confianza con dulces caricias y obscenos susurros. Hazle sentir irresistible, descríbele las sensaciones que recorrerán tu cuerpo al verle masturbarse. A todos los hombres les encanta y les excita saber lo mucho que pueden excitar a una mujer.

Mientras él se masturba tienes tres opciones: 1) Unírtele y estimular otras partes de su cuerpo, ¡le encantará!; 2) Masturbarte tú también, aunque puedes provocarle un infarto por exceso de excitación; 3) Disfrutar de este erótico show hasta que él solito llegue al final, y luego pedirle que ejerza ciertas manualidades para ti.

104. Calentamiento verbal

Una de las técnicas más efectivas para entonar a un hombre es hacerle saber que tú estás caliente. Decirle «obscenidades» y describirle lo que estás deseando es un detonador sexual que nunca falla. Tortúralo con palabras: háblale de la última vez que tuvisteis sexo y recuérdale los episodios detalladamente, utilizando en todo momento un tono de voz suave y muy sugerente.

No permitas que vaya al grano o que tan siquiera lo intente mientras lo provocas con tus juegos de palabras. Deja que te acaricie, pero poco a poco. Calentarlo verbalmente es un juego que tienes que controlar tú, y la mejor manera es mantener la ambigüedad entre la «perversión» y la inocencia. El tono de tu voz, tus gestos y explicaciones deben variar entre las dos mujeres que hay en ti: la mujer fatal y la mujer dulce.

Los juegos de palabras son un excelente preámbulo sexual. Adula a tu chico con tiernos y sucios piropos; ponle motes sexys a su pene y enumera cada una de las maravillas que es capaz de hacer. Elógialo mientras suspiras y gimes posesa por el deseo y la excitación. Para él, verte derretida de placer será, además de un halago, una irresistible provocación.

105. Usa todo tu cuerpo

Muchas veces, cuando amamos a un hombre o tenemos un verdadero amante, nuestras manos, nuestra boca, nuestra lengua y nuestra vagina se convierten prácticamente en apéndices de su piel porque siempre le tocamos, le excitamos y le hacemos el amor utilizando las mismas partes de nuestro cuerpo.

¿Por qué no te atreves a utilizar ocasionalmente algo distinto? En cada parte de nuestro cuerpo hay una herramienta para ofrecerle placer. Permítele probar diferentes sensaciones que pueden ser producidas por otras partes del cuerpo humano como las pestañas, el cabello o los dientes. Sé inventiva, creativa y provocativa.

106. Envuélvelo en tu sedosa mata

Si tienes el cabello largo puedes aprovecharlo para hacerle cosquillas por todo el cuerpo o ponérselo en la cara para deleitarlo con su olor. Pero si quieres algo más original aplica esta técnica especial para «enredar» hombres: suéltate el pelo y enróllalo alrededor y a lo largo de todo su pene, luego estira lentamente tu cabello, dejando que se desenrolle de su pene. ¿A que serás la primera en hacerle esto? Si sois más atrevidos, también puedes formar un nido con tu pelo y masturbarlo hasta el final.

107. Besos de mariposa

Si tienes unas pestañas tupidas, considérate muy afortunada, pero además, sácales provecho: parpadea sobre los pezones, las axilas, el abdomen, las nalgas y el pene de tu chico. Alterna pestañeares rápidos y lentos. ¡Jamás podrá dudar de tu erótica creatividad!

108. Besos de vampira

Sigue los sabios consejos del *Kama Sutra* y muérdelo delicadamente en todas las partes de su cuerpo que sueles besar normalmente. Sujétalo por la cabeza, estírale el cuello hacia atrás y muérdelo como si fueras una vampiresa. Cuando lo tengas extasiado, mastica suavemente sus codos, sus rodillas y sus pezones... ¡Cómetelo a mordiscos!

109. De botón a botón

Los pezones pueden ofrecer tanto placer como el que son capaces de sentir. Recórrele todo el cuerpo con la delicada erección de tus pezones y haz una parada ocasional en cada rincón interesante. Por ejemplo, detente en sus orejas, axilas, cuello y genitales; la piel delicada de estas partes de su cuerpo agradecerá la sensibilidad de tus pezones.

110. Ataca sus cinco sentidos

Aunque suene un poco tonto, nunca olvides que tu chico tiene cinco sentidos; a veces se nos olvida esto y nos preocupamos únicamente por nuestra apariencia y nuestro olor. Hay que aprovechar al máximo los cinco sentidos (tuyos y de él) para vivir el sexo de forma sensacional.

Cuando haces el amor con un hombre, y aunque sea una comparación muy graciosa, es como si tus cinco sentidos y los de él mantuvieran un importante diálogo; se comunican, interrelacionan y retroalimentan. Tú impresionas su olfato con tu aroma; agradas a su tacto con tu piel; alegras su vista con tu cuerpo; alientas su oído con todos tus jadeos y provocas su gusto con tus besos. Del mismo modo, él afecta a tus cinco sentidos.

Si eres consciente de esta mágica relación entre los sentidos y mantienes los tuyos alerta para percibirlo a él y para que él te perciba, habrás logrado desarrollar tu motricidad «sensorial» perfectamente y sentirás por todo tu cuerpo el sexo de la mejor calidad.

111. Zonas erógenas

La mente es la zona más erógena de todo el cuerpo y sus funciones principales consisten en imaginar y pensar. Cuando estimulamos nuestra imaginación, nuestro cuerpo (los ojos, la nariz, las orejas y la piel) responde inmediatamente, y viceversa. Cuando estimulamos partes de nuestro cuerpo, nuestra mente reacciona instantáneamente.

Piensa que cada parte de tu cuerpo es una terminal que conecta con el cerebro. Algunas de estas terminales representan una conexión directa a la libido; por ejemplo, los genitales. Otras terminales no están conectadas tan directamente —por ejemplo, la planta de los pies— pero pueden estimularse hasta convertirse en un acceso directo a la libido o al bienestar sexual. En muchas mujeres —y en un porcentaje más discreto de hombres— el sexo está conectado con los pezones y con el labio superior. Muchos hombres, además, se «deshacen» cuando sus compañeras les estimulan oralmente el cuello y las orejas.

Estas terminales distribuidas por todo el cuerpo y capaces de llevarnos desde un simple bienestar hasta un espectacular orgasmo, son lo que conocemos como «zonas erógenas». Todos tenemos una inmensa variedad de zonas erógenas; algunas ya descubiertas y otras por descubrir. De ahí la importancia de que inspecciones, de principio a fin, tu cuerpo y el de tu chico. Explorando encontrarás recónditos lugares que te harán alucinar y extasiar... ¡Comienza tu expedición cuanto antes; puedes encontrar auténticos tesoros!

112. Ternura en los ojos

Cuando tenga los ojos cerrados, bésalo en los párpados. Un beso suave, un ligero lamido o una delicada caricia sobre sus párpados es un gesto inusual muy íntimo que genera un exquisito sentimiento de cercanía. Inténtalo, ¡al menos es algo muy original!

113. Haz que escuche su placer

La mayoría de los hombres tienen una conexión directa entre las orejas y el pene. Casi puede considerarse que la oreja es uno de los puntos más vulnerables de la cabeza de nuestro sexo opuesto.

Lame, mordisquea y chupa delicadamente el lóbulo y todas las deliciosas porciones de su oreja. Inserta la punta de tu lengua en su oído y muévela. ¡Le darás sensaciones e ideas maravillosas!

114. ¡Salta a su cuello!

¿Quieres poner a hormiguear el pene de tu chico? Besa y ataca su cuello, siguiendo las instrucciones:

- Lame y besa el pliegue de su barbilla.
- Lame y chupa la piel que recubre su esófago.
- Besa y juega con la punta de tu lengua sobre la nuez de Adán.
- Lame, mordisquea y besa todo el recorrido lateral del cuello.
- No dejes que a tu lengua se le escape ninguna parte de su cuello.

115. Agárrale del pelo

Agárrale delicadamente del pelo por detrás de la cabeza para dominarlo dulcemente y darle un beso. Para relajarlo, hazle un masaje en el cráneo con la yema de tus dedos mientras le besas profundamente. Si prefieres un gesto más sexy y salvaje, tírale sensualmente del pelo mientras le haces el amor.

116. El poder de las axilas

Todas las partes del cuerpo que usualmente no están expuestas al aire libre y que están protegidas por vellos son exquisitamente sensitivas. Las axilas son una de estas zonas calientes. No te pierdas la delicia de morderlas, lamerlas y besarles... ¡Estará pidiéndote sexo del bueno!

Además, las axilas también pueden servir para copular... Una variación original que puede ser interesante de vez en cuando y que seguro que a él le divertirá. El hombre debe hundir bien el pene en la axila derecha de la mujer —no sólo el glande— y la mujer debe abarcar con su brazo izquierdo el cuello del hombro. Para hacerlo más fácil, el hombre puede sujetar la mano derecha de ella detrás del cuerpo de ella. Ella experimentará sensaciones por el peso de él sobre sus pechos y la fricción. Además, él podría aprender a estimular el clítoris de ella con el dedo gordo del pie.

117. Comer de su mano

Las manos y los dedos son partes del cuerpo especialmente sensitivas. Tienen la capacidad de diferenciar texturas y percibir diferentes sensaciones. Esto las convierte en blanco perfecto para tocar, lamer y debilitar al sexo opuesto.

Suponte que quieres excitar mucho a un hombre y que la única parte de su cuerpo a la que tienes acceso son sus manos... ¿qué harías? Si no se te ocurre nada muy creativo, intenta la siguiente prescripción:

Dibuja con tus uñas círculos sobre las palmas de su mano y lámelas. Imagina que cada uno de los dedos es su pene y chupa sensualmente, uno por uno. Mordisquéale las yemas de los dedos y desliza la lengua entre sus falanges.

Después de haber besado, lamido y mordisqueado toda la mano de tu chico, dirígela hasta tu cuerpo para que sienta la textura de tu piel, tus pezones y tu vello púbico. Seguramente, a continuación, él tomará el mando de las direcciones y llevará su otra mano directo a cualquier zona «peligrosa» de tu cuerpo.

118. Piernas: tócale las fibras sensibles

Acariciarle las piernas a un hombre está muy bien y a todos les gusta, pero si quieres provocarle fuertes sensaciones debes buscar sus puntos débiles, como la parte interior de los muslos. Recuerda que las zonas del cuerpo donde hay pelo y poca exposición al aire libre son «zonas peligrosas».

Sobre la rodilla, hasta llegar a la entrepierna, hay una deliciosa capa de piel especialmente sexy y sensible. Si haces cosquillas o deslizas tu lengua firmemente a lo largo de esta delimitación, volverás loco a cualquier hombre. Antes de besarlo en el pene, tómate tu tiempo, chupa y lame el tendón que conecta las piernas con la pelvis... ¡Lo verás delirando!

119. Los pies: una zona refleja

Al igual que las manos, los pies son una parte del cuerpo muy sensible donde los hombres adoran ser acariciados. Todos los órganos y todas las partes del cuerpo humano están conectados con los pies. Por ejemplo, los dedos están vinculados con los genitales; y la parte de abajo del talón de Aquiles está directamente relacionada con el apetito sexual. Estimula esas zonas y lo tendrás a tu merced. Dosifica bien la presión que ejerces en tus caricias para evitar cosquillas. Aunque puede ser que a él, en lugar de resultarle insoportables, le estimulen. Varía la intensidad de las caricias y observa los resultados.

Las caricias de los pies que más pueden poner en situación a un hombre son prácticamente las mismas que lo enloquecen en las manos: lamer, besar, mordisquear y chupar los dedos. ¡Ah! Tampoco olvides las plantas de los pies, son extremadamente sensibles y una poderosa zona erógena. Algunos hombres incluso pueden eyacular ante un estímulo o masaje estratégico en las plantas de los pies.

Asimismo, el hombre también puede alcanzar el orgasmo entre las plantas de los pies de su compañera.

120. Botones de placer extremo

Aunque pueda sorprenderte, los pezones masculinos son tan sensibles como los tuyos. La diferencia es que ellos dejan de sentir rápidamente el efecto de la excitación sobre los pezones. Por el contrario, la sensación que nosotras sentimos en los pezones se distribuye por todo el cuerpo durante largo tiempo; por lo cual, estaremos encantadas de que él permanezca succionando o besando nuestros pezones por mucho más tiempo.

Acaricia, chupa y lame sus pezones de la misma manera que a ti te gusta que él lo haga con los tuyos, pero por menos tiempo. Estírale suavemente los pezones con tus labios, dientes o dedos, y suéltalos. Recórrelos circularmente con la punta de tu lengua y sóplalos. Oprímelos con tus dedos, con tus pezones o con tu lengua, ¡devórale! Además, también puedes usar otras zonas de tu cuerpo para darle placer en esta zona como tus propios pezones, tu vientre, tu pubis y tu clítoris. ¡Sé creativa!

121. El centro de su mundo

Éste es un divertido y exótico orificio del cuerpo, perfecto para meter tu lengua y hacerlo delirar. Comienza besando y lamiendo los alrededores del ombligo, estira y sopla los pelitos que están alrededor, y cuando tenga la piel erizada, ¡mete la punta de tu lengua en profundidad! Está tan cerca de zonas muy sensibles como el bajo vientre y el propio pene que despertarás en él un montón de sensaciones reflejas.

122. Escalofríos de placer

La espina dorsal es una zona del cuerpo llena de nervios, especialmente en los hombres, y el sacro parece estar conectado directamente con los genitales. Aprovecha esta genial conexión para enviarle un increíble masaje erótico a su pene, recorriendo con tu boca y tu lengua todo el trayecto de la espina dorsal.

Muerde con delicadeza, lame y succiona insaciablemente cada milímetro de su columna vertebral. Presta especial atención al sacro; si le estimulas el coxis y el comienzo de sus nalgas, verás a un hombre perder la cabeza y desear hacerte el amor para siempre.

123. Préndete y préndate de sus nalgas

Las nalgas masculinas, además de ser irresistibles para ti, están deseando ser ardientemente apretadas y manoseadas por una sensual mano femenina. No te pierdas esta exquisita parte de su cuerpo, si quieres entonarlo y saborearlo, ¡también puedes empezar por su parte de atrás!

Comienza con un masaje en el coxis, tira suavemente del vello que tiene alrededor y amasa los cachetes de sus nalgas. Hazle cosquillas con las uñas de tus dedos, pellizca, muerde y chupa esas deliciosas carnosidades traseras.

Siente con tu mano y tu lengua la curva que termina donde le comienzan las piernas, y si quieres verlo aún más desquiciado y encendido, tócale la pene al mismo tiempo. ¡Querrá que te quedes prendida a su trasero para siempre!

Cuando estéis haciendo el amor en una posición en que tengas acceso a tus nalgas, tómale de ellas y atráelo hacia ti. Marca el ritmo con tus manos.

124. Un goce con sabor a prohibido

El ano es una zona muy erógena, pero frecuentemente subvalorada como tal, debido a sus funciones fisiológicas o porque se la relaciona directamente con la homosexualidad. Si dejas a un lado los prejuicios y miras el ano como cualquier otra parte del cuerpo —como lo que en realidad es— tu inventario de zonas altamente erógenas aumentará y el placer de tu chico también... ¡Algo que no podéis desaprovechar!

La proximidad del ano con la próstata y la elevada concentración de terminaciones nerviosas que tiene lo convierten en una zona sumamente erógena. Antes de estimularlo debes asegurarte de que esté limpio y de que tu chico o la persona con quien estás haciendo el amor no padezca enfermedades de transmisión sexual.

Comienza a darle un suave masaje alrededor del ano con la yema de tus dedos y trata de alcanzarle el escroto. Sopla un poco o, si te atreves, lámele el ano. Después de juguetear un poco por «las afueras» y humedecerlas, introduce el dedo en su ano y muévelo circularmente. ¡Esto los enloquece a todos, aunque muchos aún no lo hayan descubierto!

Humedécete los dedos en tu vagina o con un poco de saliva antes de acariciarle. Esto facilitará la penetración y la sensación de humedad lo excitará aún más. Después de meter tu dedo en su ano, nunca lo introduzcas en tu vagina para evitar cualquier tipo de infección. También procura lavarte muy bien las manos antes y después de estimularle el ano. Si quieres, también puedes poner tu lengua dura e introducírsela con mucho cuidado. Haz que entre y salga a placer, mientras con una mano le estimulas el pene.

125. ¡Cuidado! ¡Material sensible!

El escroto y los testículos son dos de las partes más sensitivas que tiene un hombre en el cuerpo. Tocar esta parte de sus genitales puede generarle mucho placer o mucho dolor; todo depende de tu sensibilidad y sensualidad para hacerlo. Pero no dejes de estimular esta exótica zona de su cuerpo por miedo a lastimarlo; lo estarías privando de una excitante sensación. Observa siempre sus reacciones y déjate guiar por él. Ambos deberíais aprender a contarle al otro qué os parece lo que está haciendo y si os gustaría más de otra forma.

Si acaricias sus testículos al mismo tiempo que manoseas su pene, estará encantado, pero si pones delicadamente sus testículos en tu boca… ¡pensará que está en el paraíso terrenal! También puedes lamer o soplar suavemente su escroto mientras le masturbas, ¡no lo resistirá!

Hay muchas formas de acariciarle el escroto y los testículos, pero tienes que ser especialmente delicada, ¡ésta es zona de alto riesgo! Estira sus testículos suavemente hacia abajo o rodea y presiona el escroto con tus dedos índice y pulgar. Estas dos eróticas triquiñuelas no sólo lo harán jadear y perder la cordura, sino que también sirven para retrasarle la eyaculación si las ejecutas con un poco más de fuerza. Si aún no estás lista para terminar la faena y sientes que él está por acabar, aplica alguna de las anteriores técnicas y goza hasta que no puedas más.

126. El punto G masculino

El periné o perineo es un punto mágico que tienen todos los hombres y es comparable con nuestro famoso punto G. En la antigua China, el periné era conocido como «el punto del millón de piezas de oro» porque supuestamente ése era el precio que tenía que pagarle a un maestro taoísta quien quisiera saber donde estaba el «botón» mágico del cuerpo masculino.

El periné se encuentra exactamente entre el escroto y el ano. Cualquier tipo de presión o movimiento que ejerzas sobre esta diminuta zona de su cuerpo, lo encenderá automáticamente. Además, también es un punto clave para controlar la eyaculación.

Pon un dedo sobre su periné y muévelo circularmente o de delante hacia atrás; provocarás oleadas de placer que sentirá llegar hasta su cabeza. Si además de procurarle este exquisito masaje acaricias su ano o su pene, conseguirás la mayor velocidad que su pulso pueda alcanzar y ¡verás a un hombre enloquecer!

127. El cetro de mando

Muchas mujeres cometen el grave error de pensar que pueden complacer el pene de un hombre con las mismas caricias que ellas disfrutan en el clítoris. Así como ambos sexos somos dos versiones totalmente diferentes de una misma especie, el clítoris y el pene también son dos polos opuestos. El clítoris goza más cuanto más delicadas sean las caricias y el pene disfruta más de un trato firme, intenso y sólido. Aunque hay hombres para todo. Y como muestra un botón: hay algunos a los que les gusta sentir los dientes de ellas cuando les hacen una felación y a otros incluso les gusta que se la agarren con los dientes en vez de con los labios. De todas formas, no te recomiendo una caricia así a no ser que tu chico te la pida expresamente.

Esto no significa que para poder complacer el pene de tu chico necesites unos tríceps y bíceps especialmente fuertes que puedan ir a 120 kilómetros por hora y que puedan terminar estrangulándosela. Los hombres también disfrutan de caricias suaves y lentas, pero a la vez insistentes y compactas, necesitan sentir la presión de tus manos sobre el miembro.

Una de las partes más sensitivas del pene es el glande y sus cercanías: el borde de éste, el recorrido interior que hay desde el glande hasta la base, y probablemente la parte más sensitiva de todas es la pequeña «costura» donde parece que se cierra el glande y que se une exactamente con la parte interior del pene. Insiste en estos puntos estratégicos y le asegurarás una vida feliz al pene de tu chico.

128. El ABC del pene

Saber masturbar y acariciar el pene de un hombre es un arte que tienes que aprender, practicar y conocer hasta que consigas prender tu mano a él con total naturalidad y conseguir la cadencia justa en cada momento. Si quieres hacer las mejores maniobras, las más eróticas, dulces y agradables que un pene pueda disfrutar, no olvides las siguientes claves:

- **Comienza** siempre por la base del pene.

- **Fíjate muy bien** la forma en que vas a comenzar a tocarlo. Hay que hacerlo bien desde el principio.

- **Agárrale firmemente y con decisión,** ¡pero ten cuidado de no estrujarlo!

- **Asegúrate de usar** las dos manos por completo y alternarlas.

- **Mueve circularmente el glande** con la yema de tus dedos y al mismo tiempo, acaricia el resto del pene con la palma de tus manos, de abajo hacia arriba.

- **Varía los movimientos** de tus manos manteniendo el ritmo.

- **Recuerda acariciarle también el abdomen,** el interior de las piernas y los testículos mientras le acaricias el pene.

- **A pesar de que la faena** sea dura y agotadora, no dejes que se note en tu cara el esfuerzo físico, ¡sino el placer!

129. Hacia el orgasmo

¡Su clímax está en tus manos! Una vez tengas claras las nociones básicas para acariciar un pene (ver apartado anterior) y hayas encontrado la forma de tomarlo en tu mano estarás preparada para la acción: masturbarlo, hacerle subir el ritmo y enloquecerlo!

Si quieres conseguir que llegue al clímax con tus maniobras, sólo tendrás que excitarle un poco más y acelerar el movimiento de tus manos hasta llegar al final. Si tienes otros planes y deseas que su eyaculación no ocurra entre tus manos... tendrás que disminuir la velocidad y cambiar el rumbo; pero asegúrate de llevarlo hasta el final, ya sea con una exquisita felación o una profunda penetración, de lo contrario, no te lo perdonará. Al contrario que las mujeres, que prefieren que la estimulación no pare cuando inician el orgasmo, so pena de que disminuya su intensidad, ellos llegan a un punto de no retorno cuando se inicia y suelen preferir que pare la acción cuando ya lo están experimentando.

Es muy importante que te preocupes por masturbarlo bien y que, de vez en cuando, le brindes algún que otro orgasmo manual. Pero tu chico también necesita de otros cuidados en el momento exacto del orgasmo y justo después de eyacular. Lo único que tienes que hacer es detectar cuándo llega el punto cumbre y sujetarle el pene con un poco más de fuerza. Después viene la etapa de recuperación que consiste en acogerlo suavemente entre tus manos y dejarlo descansar.

Caricias íntimas infalibles

130. Amasando el Dulce

Toma el pene de tu chico entre las palmas de tus manos y amásalo dulcemente. Imagínate que estás preparando el más dulce de los donuts. Dispuesta a devorarlo, entrégate en cuerpo y alma a tu labor de panadera; te encantará a ti tanto como a él...

131. Con los dedos de una mano

Si le masturbas con una sola mano tendrás la ventaja de ofrecerle una doble porción de pasión: la mano que te queda libre puedes usarla para tocar otras partes de su cuerpo. ¡Imagina lo que sentirá si mientras le masturbas, le acaricias el ano o los testículos... Inténtalo, es muy fácil «mono-maniobrar».

Puedes rodear con todos tus dedos el pene o formar un círculo con el dedo índice y el pulgar o agarrarlo entre estos dos dedos extendidos... Observa cómo lo hace él. También puedes agarrarle el pene con una mano y aprisionarlo suavemente contra su pelvis. Mastúrbalo desplazando tu mano de abajo hacia arriba, de manera que la fricción se genere entre tu mano y su pelvis. No olvides duplicar la acción, ¡es fundamental lo que hagas con la otra mano!

132. Anillos del placer

Uniendo las puntas de los dedos índice y pulgar de cada una de tus manos, formarás un par de anillos mágicos con los que harás maravillas sobre su miembro. Aprieta suavemente el medio del pene con cada uno de los anillos, uno junto al otro, y comienza a moverlos en sentido contrario y al mismo tiempo... ¡Imagina tú lo que va a pasar!

133. Doble caricia voluptuosa

Los anillos mágicos que se especifican en el apartado anterior son un artilugio maravilloso que podrás usar más de una vez. Aquí tienes otra técnica que no te fallará: presiona la base del pene hacia abajo con uno de los anillos, y desliza el otro por todo el miembro, de abajo hacia arriba. ¡Mantén este movimiento rítmicamente hasta que te implore piedad!

134. Automasaje con su miembro

Puedes hacerte un delicioso masaje y al mismo tiempo, procurarle a él una increíble sensación. Aprisiona el pene de tu chico contra diferentes partes de tu cuerpo. Amásalo contra tu abdomen, tus piernas o tu cara. Siente la fuerza de su erección rodar por todo tu cuerpo. Esta caricia es una técnica románticamente sexy.

135. Ritmo en tus pechos

Algunas veces podrás dejar «descansar» tus manos y poner tu pecho a trabajar. Deja que deslice su pene entre tus senos y muévete con ritmo, de arriba a abajo para generar fricción... y erección. Para darle un poco más de acción a esta infalible caricia puedes:

- **Invitarle a que haga algunos intervalos,** saque su miembro de en medio y roce tus pezones.

- **Acariciarte los pezones** al mismo tiempo que él aprisiona el pene contra tu pecho.

- **Moverte de manera que** el pene de tu chico emerja por entre tus senos para entrar en tu boca.

136. Placer entre tus nalgas

¿A qué hombre no le gustan las nalgas femeninas?... Déjalo que frote el pene entre tu trasero. Lubrica el miembro de tu chico o tus nalgas para que goce inmensamente deslizándose entre ellas. Puedes ayudarle, apretando tu mano contra el pene para que la fricción sea mayor.

Si te pones de rodillas o te acuestas boca abajo con un cojín en la pelvis para que eleve tus caderas, facilitarás la entrada de su pene entre tus nalgas. Él recibirá un gratificante estímulo en su pene y estará encantado de encontrarse la voluptuosa imagen de tus nalgas en primer plano.

137. Acaríciale con tu segunda sonrisa

Acuéstate sobre tu espalda, pon un cojín debajo de tu coxis y eleva tu pelvis. Invítalo a que se arrodille frente a ti y mueva suavemente el pene entre tus labios vaginales. ¡Penetración prohibida! Aunque esta caricia puede resultar más estimulante para ti que para él, ver cómo gozas ¡será más que suficiente para mantenerlo altamente excitado!

138. Derrítele entre tus muslos

Invita a su pene a dar un paseo por tus piernas. Acuéstate sobre la espalda, eleva tu cadera apoyando el coxis en un cojín, y junta tus piernas presionándolas hacia adentro. Él deberá deslizar su pene entre tus muslos. Si usas un poco de lubricante en tu cuerpo o en su miembro, la sensación será más sexy y la faena más fácil.

Si él desliza su pene entre tus piernas, moviéndose de arriba a abajo, alcanzará a rozar tu clítoris y tus labios vaginales... ¡Guau!... No importa cómo estéis acostados; él puede estar encima de ti, frente a frente o a tus espaldas. Sin embargo, si él está detrás de ti, verás su pene salir entre tus piernas. Aprovecha este extra y acaríciale el glande... ¡Ya verás los resultados! ¡Se volverá loco de placer!

139. La coctelera del placer

Pídele que se acueste boca arriba y se relaje. Siéntate a horcajadas sobre su pecho y mirando hacia tu objetivo: su pene. Una vez estés encima de él con su miembro enfrente, sujétalo con una de tus manos delicadamente por la base y con la otra, frótalo rápidamente, de abajo hacia arriba. Pero detente por un segundo cada vez que llegues al glande, y repite diez veces esta fantástica maniobra.

Después de haber detenido tu mano en su glande diez veces, continúa manoseándolo del mismo modo, pero más rápido y sin pausas. Después, comienza a alternar, en series de diez, los dos «procedimientos» anteriores (deteniéndote en el glande y frotando seguido).

Si alternas estas dos irresistibles maniobras, pasados ocho minutos, estará implorándote piedad... Tú misma eliges si continúas con tus manualidades hasta llevarlo al orgasmo o cierras el acto con él dentro de ti.

140. Llévale al cielo con tus manos

Si quieres, con un «extra» de placer, provocarle un infarto a tu chico, lo único que tienes que hacer es coordinar perfectamente los movimientos de tus manos: presionar el punto G masculino y empuñar su pene al mismo tiempo.

El punto G masculino es el periné, es decir, la zona comprendida entre el escroto y el ano. Cuando haces presión sobre este punto, estimulas su próstata, lo cual provoca en él una sensación muy similar a la que tú sientes cuando él alcanza tu punto G.

Presiona firmemente tu dedo índice sobre el periné de tu chico y desliza la otra mano para acariciarle todo el pene. Si logras presionar el punto G y, al mismo tiempo, enrollar los demás dedos alrededor de la base del pene, ejerciendo un poco de presión… estará suplicando que no te detengas. Sentirá uno de los orgasmos más extensos e intensos que jamás haya tenido.

141. Mano sobre mano

Se trata de masturbarle con tus dos manos sin descanso y sin quebrar el ritmo, que debe ser bastante rápido. El objetivo es que la cabeza del pene quede descubierta el menor tiempo posible.

Desliza la mano ahuecada pasando por la cabeza del pene y bajando por el tronco. Antes de llegar a la base, lleva la otra mano a la cabeza y vuelve a bajar. Ve alternando las manos.

142. Prolongación del placer

¿Quieres prolongar el orgasmo de tu chico? Lo primero que tienes que hacer es manosearle el pene hasta llevarlo al clímax. Cuando esté en medio del orgasmo, detén el bombeo y no hagas más presión sobre su pene.

Deja que eyacule. Una vez termine, masajéalo en el escroto y en el periné. Estira suavemente el pene asegurándote de no tomarle el glande ni siquiera tocarlo. Él sentirá cómo extraes hasta la última gota de placer que hay en su cuerpo y habrás prolongado su éxtasis!

143. Acunando sus testículos

Para hacer feliz a un órgano viril, no debes olvidar que los testículos también son un punto débil y estratégico. Sigue las siguientes instrucciones y verás a tu hombre perder la cordura:

1. Abre tu mano y ponla debajo de sus testículos, como si se fueran a caer y tuvieras que recogerlos.

2. Cierra la mano suavemente, como si los estuvieras sosteniendo.

3. Acaríciale la base del pene con las yemas de tus dedos, al mismo tiempo que sostienes sus testículos entre tus manos.

Él y sus testículos estarán enormemente agradecidos y excitados, esperando desfogar todo el placer recibido... Haz que se suelte...

144. Dobles círculos voluptuosos

Debido a la importancia que tiene para tu chico que le acaricies los testículos, 201 MANERAS DE VOLVER LOCO A UN HOMBRE EN LA CAMA te aconseja nuevas formas para hacerlo realmente bien:
Instrucciones:

1. Pon el dedo índice y el dedo pulgar a cada lado de sus testículos.

2. Presiona suave y ligeramente, como si fueras a juntar los dedos.

3. Al tiempo que presionas delicadamente los testículos con tus dedos, tira suavemente y con ritmo, hacia abajo.

4. También puedes usar la técnica de los anillos (apartado 132) alrededor de la base del escroto y tirar hacia abajo, suave y rítmicamente.

5. Sea cual sea la técnica que elijas, presiona firmemente pero ten mucho cuidado de no apretar bruscamente. Si no eres delicada puedes hacerlo perder la cordura, ¡pero del dolor!

145. Directo a su sexo en cualquier situación

Sorpréndelo con tu mano hurgando entre sus pantalones mientras ve la televisión, lee, habla por teléfono, cocina o lava los platos. Le encantará que le acaricies el pene en cualquier momento inesperado. ¡Todos los hombres adoran las impertinencias sexuales!

Cuando llevéis un tiempo sin veros —no importa si son días, horas o minutos—, usa una técnica de dulce bienvenida para el pene de tu chico, quien también necesita recibir, de vez en cuando, cariños y señales de afecto.

La situación es la siguiente: Aparece tu chico y tú le miras fijamente a los ojos. Comunícale con tu mirada que estás pensando en sexo y cuando se acerque a ti, píllalo por el pene y comienza a acariciarlo.

Cuando sientas que tiene el pene erecto… arrodíllate y ponlo dentro de tu boca, introdúcela entre tus piernas, llévate a tu hombre hasta la cama o tíralo al suelo… ¡Tú misma!

146. Dulce tormento

Si has leído las páginas anteriores de este libro o tienes experiencia e imaginación, sabrás que existen muchas formas de acariciar el pene de un hombre, y habrás procurado aprender y practicar muchas de ellas. ¿Pero has ensayado seducirlo jugando a no tocarle el pene? Si no lo has hecho, ¡inténtalo!

Succiona provocativamente, uno por uno, los dedos de sus manos y sus pies. Chúpale los pezones. Lámele el trasero. Manoséale los testículos, el ano y el periné; utiliza la yema de tus dedos para excitar cada rincón que se le haya escapado a tu lengua o a tu boca, pero no llegues nunca hasta el pene, ¡déjalo morir del calor!

147. Tortúrale con tu placer

Con tus manos y el pene de tu chico podrás ejecutar una «tortura» sexual, placentera y explosiva. Acaríciale la pene con tus manos intensamente hasta que esté erecto. Cuando lo sientas desesperado por hacerte el amor, deja de tocarlo y átalo de manos como si fuera a ser crucificado.

No lo acaricies, ni toques un solo pelo de su cuerpo, pero comienza a manosear tus senos y tu pubis sensualmente. Déjale ver cómo te excitas, gimes y llegas al orgasmo. Atado e indefenso, le hervirá la sangre y te deseará como un niño a un caramelo prohibido. Las consecuencias después de desatarlo, corren por tu cuenta. ¡Nunca lo verás tan salvaje!

148. Regálale sexo oral

Una de las experiencias sexuales preferidas por los hombres es regocijar su erección dentro de una boca femenina. El sexo oral es uno de los actos más gratificantes, sexys y estimulantes que podemos ofrecer al cuerpo y al ego del sexo opuesto. Todos los hombres, sin excepción alguna, encuentran muy sexy y provocativo ver a una mujer saboreando complacientemente su masculinidad.

Esto no debe confundirse con una actitud machista, ni significa un acto de sumisión. No caigas en ese error y, sobre todo, piensa que el sexo oral tiene que ser recíproco. En el sexo se despiertan y mezclan una cantidad de instintos animales de los cuales no somos conscientes, pero que de alguna manera son el origen de nuestros apetitos, gustos y fetichismos sexuales. La felación es una deliciosa e íntima perversión que no puedes perderte.

El sexo oral sólo es verdaderamente bueno cuando produce un placer recíproco. Muchas mujeres sienten un poco de repulsión frente a la idea de tener una pene en su boca o temen no saber ni qué hacer... ¡No saben lo que se pierden! No seas maniática y piensa que es como cualquier otra parte del cuerpo de tu chico, sólo que más sabrosa y agradecida. Las que se atreven, después de un par de intentos quedan enganchadas al dulce sabor genital de su chico. Regálale con tu lengua a la vez que succionas y lo envuelves con tus labios y lleva a cabo algunas de las técnicas de los siguientes apartados.

Disfruta y degusta el sexo oral, pero ten cuidado y fíjate muy bien con quién lo practicas. Con amantes desconocidos o personas que realizan prácticas de riesgo, evita el sexo oral sin protección.

149. Mandamientos de la felación

Antes de que tus labios, tu lengua y toda tu boca comiencen la exquisita faena del sexo oral asegúrate de no cometer ningún error funesto y cumple con los tres mandamientos de la felación:

Saborear y disfrutar. Tus labios pueden ser deliciosamente carnosos y tu lengua atrevidamente juguetona, pero si él no siente que lo estás saboreando, todo lo que hagas con tu boca será en vano. Recuerda que el mejor ingrediente para el buen sexo es la actitud. Disfrutará de tu boca en su pene en la medida en que tú lo saborees.

Desarrolla el gusto por ese exquisito caramelo que lleva entre sus piernas, y no te pierdas la delicia de tener entre tus papilas gustativas a un hombre feliz. Disfruta el sabor de su masculinidad y él se derretirá con tu feminidad.

■ **Concentración.** Concéntrate en tu faena. El sexo oral es una de las labores eróticas que más atención requiere. La fuerza de su erección y la intensidad de su orgasmo serán directamente proporcionales a la concentración y atención con que realices tus peripecias bucales. Debes estar atenta también para evitar accidentes con los dientes.

■ **Continuo movimiento.** Hagas lo que hagas con tu boca en su pene, hazlo continua, suave y uniformemente. Nunca hagas cambios bruscos en el ritmo o la frecuencia de tus movimientos bucales; de lo contrario, arruinarás el auténtico sabor de tu golosina favorita. Si puedes acelerar a medida que notes que su excitación crece y, también, cuando lo tengas por la mano y hayas aprendido a leer sus reacciones puedes jugar precisamente a cambiar el ritmo o a parar un poco para desesperarle.

150. Técnica básica

El verdadero sexo oral, delicioso y picante, necesita preámbulos y buena preparación. Primero acaricia y deléitate con la apetitosa y provocativa erección que estás a punto de saborear… Cuando se te haya hecho agua la boca, procede a besar, lamer y chupar la mejor golosina del mundo.

Comienza lamiéndole el glande. Luego recorre con la lengua el canalillo que baja a lo largo de la parte interior de su pene hasta la base y vuelve a subir, lamiendo sin pausa. Acaricia con la punta de la lengua el límite que hay entre la cabeza y el resto del pene, y mientras haces todas estas acrobacias con tu lengua, acaríciale el abdomen, la entrepierna o cualquiera de sus puntos débiles. Será un cúmulo de sensaciones agradables que potenciarán el placer de tu chico.

Imagina que tu boca es una ágil vagina. Cubre el filo de tus dientes con los labios para que no lastimarlo, y desliza su pene lentamente dentro de tu boca. Haz que la pene descanse sobre tu lengua y mueve tu cabeza de arriba hacia abajo, suave y continuamente y succionando. Recuerda mantener tus dientes cubiertos con los labios y acelera los movimientos de tu cabeza, ¡simula una penetración vaginal! También puedes intentar una penetración total y meter todo su pene en tu boca. Será especialmente estimulante para los dos si lo haces cuando todavía no está del todo erecto. Con un poco de práctica, conseguirás introducir cada vez un poco más. Realmente, tampoco importa que te lo introduzcas entero, sino que él tenga la sensación de que así es y de que eres una chica golosa que disfruta de su virilidad.

Agarra con tu mano la base del pene y muévelo de arriba hacia abajo al mismo ritmo que lames y chupas. La boca y la mano deben ir en la misma dirección. Si quieres triplicar su placer, menea tu lengua por todo el pene y trata de insertarla en la hendidura del glande. ¡Simplemente delicioso!

No olvides estimular también la zona más erógena del cuerpo: su mente. Dile lo provocativo que es su pene y cuánto te excita su textura, su forma y su sabor… ¡Es la mejor forma de servirte tu golosina favorita!

151. Gemelos fantásticos

Lámele suave y delicadamente sus testículos, ponlos dentro de tu boca de uno en uno, y acarícialos lentamente con tu lengua. Este truquillo es cien por cien efectivo y muy pocas mujeres —si es que alguna lo ha hecho— habrán saboreado sus testículos con tanto estilo.

152. Circulillos golosos

Enrédale el pene en aureolas de placer. Desliza tu lengua a lo largo de su pene, formando círculos de arriba a abajo, como una serpiente subiendo por el tronco de un árbol. De vez en cuando, haz una pausa y chupa como si su pene fuera un dulce de regaliz. Es una técnica un poco complicada, ¡pero muy eficaz!

153. Ponle más sabor

Cambia la rutina y ponle más sabor a la felación. Prepara un delicioso pene a la crema de chocolate o si prefieres cuidar la línea, opta por una receta más saludable y sírvete un pene a la macedonia.

Esparce puré de frutas o crema de chocolate por todo su pene y lame, chupa y saborea hasta que no quede ni el rastro de tu sabor favorito sobre el miembro de tu chico. No hay límites: crema, nata, caramelo líquido o leche condensada si eres extremadamente golosa. ¿Acaso no es ésta la mejor manera de comerse el postre? Tu chico estará feliz y tú habrás disfrutado de una doble ración.

154. Los poderes de la menta

Refréscale la pene. Haz enjuagues bucales con el producto más concentrado que encuentres, o pon en tu boca un caramelo de menta fuerte y dedícate al arte de la felación. Tu lengua refrescante le hará sentir frescas maravillas porque la menta tiene un efecto vasoconstrictor.

155. Aditivos explosivos

No es recomendable aplicar «aditivos explosivos» cuando quieras saborear el pene de tu chico durante más de tres minutos. Este truquillo es perfecto para obtener resultados inmediatos. Es fácil de realizar y te asegura su orgasmo:

Lame la zona que hay entre su escroto y el ano (el periné) o masajea este punto, mientras chupas o lames su pene. Prepárate, porque si lo haces bien, se correrá en un abrir y cerrar de ojos. ¡Será inevitable!

156. Sin escrúpulos y sin piedad

Esta técnica es sólo para hombres y mujeres sin manías. Nada recomendable para aplicar con un nuevo amante, pero muy efectiva con un hombre de confianza: Inserta tu dedo suavemente en su ano mientras besas, lames y saboreas su pene o lame, besa y saborea directamente las afueras de su ano.

Cuando acaricias el ano de tu chico por primera vez, hay dos posibilidades: 1) Él ya habrá experimentado las intensas sensaciones de las caricias en esta parte del cuerpo y se excitará mucho ó 2) Ni sospechaba que contaba con este otro vulnerable punto y te adorará por haberle «presentado» una zona erógena más de su cuerpo. Si el chico merece la pena, atrévete y ¡lo tendrás pillado! También puede ser que le cueste un poco. Si no se niega en redondo, ten paciencia con él e introdúcelo poco a poco en este placer, preferiblemente con un poco de vaselina.

157. Transbordo buco-genital

¿Se te había ocurrido alguna vez hacer trasbordar su pene? Cualquier hombre arderá en llamas si acaricias su pene y lo pasas de tu boca a tu vagina y de tu vagina a tu boca... Intenta hacer un sexy traslado genital:

Él tendrá que acostarse boca arriba y tú, sentarte sobre o entre sus piernas, de manera que puedas agachar la cabeza para alcanzar a besar su pene. Después de lamerle el miembro durante unos minutos, siéntate sobre su pelvis y ¡venga! Sigue la penetración. Ah, y no olvides que tienes que hacerlo trasbordar nuevamente a tu boca. Es casi un malabar y quedarás extenuada, pero tendrás la mejor recompensa: ¡un hombre loco por hacer el amor contigo!

158. La mazorca

Normalmente, escondemos los dientes entre nuestros labios para no correr el riesgo de lastimar a nuestro chico mientras saboreamos su pene. Pero, de vez en cuando, también es fantástico darle una delicada caricia dental que le hará cosquillear todo el cuerpo.

Sin introducir su pene en tu boca, ponlo en dirección horizontal con respecto a tus labios, de manera que quede entre las comisuras de tu boca como si fueras a comerte una mazorca de maíz. Desliza muy suavemente tus dientes y tu lengua desde el glande hasta la base. Asegúrate de rozar los dientes con mucha delicadeza y ¡pon su miembro a hormiguear!

159. Al estilo *Kama Sutra*

Conjuga la dulzura de tus labios y las habilidades de tus manos para encantar a tu chico. Aprende una de las técnicas más sexys de felación que explica el *Kama Sutra*, clásico tratado indio sobre todos los secretos del amor:

Pon tu boca en su pene, de manera que la base y el glande queden entre las comisuras (igual que en el apartado anterior). Toma el miembro con tus dedos, ponlo en medio de tu boca y presiónalo lateralmente con tus labios.

Introduce la mitad de su pene en tu boca. Presiona tus labios y chupa, imagina que estás besando el labio inferior de tu chico y haz exactamente lo mismo. Después lame el glande con mucha dedicación y, finalmente, introduce todo su miembro en tu boca lo más profundo que puedas. Acarícialo contra tu paladar y ¡chupa hasta que te implore piedad!

160. De rodillas

Una de las cosas que más pueden excitar a un hombre es ver a una mujer rendida ante sus encantos. Por esto, una de las mejores experiencias que puede tener el género masculino en «el mundo del sexo oral» es tener una mujer a sus pies saboreando complacidamente su erección.

Si quieres volverlo loco, arrodíllate frente a él y pon su pene en tu boca, o siéntate en el suelo, hazlo arrodillar enfrente de ti y procede a besar despiadadamente su pene. No olvides acariciarle las nalgas, el estómago o frotar tus pezones contra sus piernas, mientras le saboreas. Apúntate al contacto total entre vuestros cuerpos y a combinar varias acciones que producen varias sensaciones diferentes a la vez.

Algunos hombres y mujeres sexualmente conservadores pueden pensar que es humillante para la mujer estar postrada en el suelo, satisfaciendo los deseos sexuales de un hombre. Pero sólo significaría una falta de respeto si él te obligara a hacerlo o si nunca te «devolviera el favor». Ellos también pueden complacerte y sentirse enormemente complacidos, arrodillándose para saborear el gustoso sabor de tu vagina. ¡Consigue que lo haga!

161. El famoso 69

Si ofrecer o recibir sexo oral son dos cosas magníficas y enormemente gratificantes para nuestro paladar sexual, ¿Imaginas qué se siente hacer las dos cosas a la vez? ¡Si practicas el famoso 69 lo sabrás!

Saborea el pene de tu chico, mientras él degusta el sabor de tu clítoris y tus labios vaginales. Encuentra la manera de tener tu boca en su pene y su lengua en tu vagina. Al igual que para hacer el amor, el 69 permite infinidad de posiciones para practicar y gozar. Las más usadas son con la mujer debajo y el hombre encima o al revés, o bien los dos de lados, que permite una mayor comodidad.

Entre muchas de las cosas maravillosas que puedes hacerle experimentar con el 69, está excitar su lengua del mismo modo que complaces su pene cuando está dentro de ti. Invítalo a que introduzca su lengua entre tus músculos del amor y ¡no querrá sacarla de allí! Mientras tanto, tú le complacerás con tu boca y tu lengua.

Saborear tu vagina y sentir tu lengua juguetear con su pene le harán enloquecer. Pero si consigues mantener el ritmo entre lo que tu boca hace con su pene y tu vagina con su lengua, será una incomparable sobredosis del ¡mejor sexo oral!

162. Garganta profunda

Esta técnica que estás a punto de leer y que seguramente querrás poner en práctica para verlo sucumbir en el más profundo de los orgasmos, es una de las felaciones más placenteras para cualquier hombre y las más complicada para las mujeres. En todo caso, ¡vale la pena hacer el esfuerzo!

Acuéstate de espaldas sobre la cama y deja colgar tu cabeza por la orilla de ésta. El objetivo de esta contorsión es que tu boca y tu cuello queden en línea recta, permitiendo una insuperable profundidad de penetración. Él tendrá que ponerse de pie frente a ti... La vista es altamente estimulante: ¡su pene y sus testículos quedarán exactamente frente a tu cara!

Esta técnica requiere práctica y control mental. Las primeras veces que lo intentes seguramente sentirás que te atragantas con su pene. Pero para controlar los espasmos de tu garganta, respira profundamente por la nariz y controla tu mente para que sólo pienses en lo bien que se lo harás pasar y lo mucho que le gustará. Él tiene que ser comprensivo y suave y no forzar la penetración.

No te desanimes si las primeras veces, además de con el inolvidable recuerdo de su cara extasiada, terminas con tortícolis aguda... ¿Quién ha dicho que el buen sexo no requiere sacrificios? Te compensará enormemente verlo enganchado a la dulzura de tu boca... ¡y a la profundidad de tu garganta!

163. Ahora no es el momento pero...

Cualquier hombre perdonará ser interrumpido en medio de una importante conversación, siempre y cuando sea para algo interesante. Como, por ejemplo, para recibir una ardiente dosis de sexo oral. Inténtalo, es una forma fácil, deliciosa y efectiva de llamar la atención de un hombre.

Aprovecha la gran atracción que siente el genero masculino por el «sexo inoportuno». A ellos les excita tener sexo cuando piensan que no se debe. Comienza a besarle, lamerle y chuparle el pene mientras está en el teléfono hablando con su jefe o su madre. ¡Se sentirá como una presa irresistible y no resistirá!

Despiértalo a media noche con las travesuras de tu lengua inquieta o intenta robar su atención cuando esté tirado en el sofá mirando la tele... Sorpréndelo donde sea, como sea y cuando más te apetezca... Saborearás el intenso sabor de una erección espontánea e inesperada.

164. Sexo oral bajo la mesa

Si aún no conoces sus fantasías sexuales y quieres sorprenderle haciendo realidad alguna sin tener la necesidad de preguntárselo, intenta darle sexo oral debajo de una mesa. Seguro que atinarás en complacerlo con una de las felaciones más inolvidables de su vida.

Si tienes la suerte de estar en un restaurante a oscuras y poco concurrido, o tienes la valentía de hacerlo sin importarte que alguien lo note, olvida la cena que tienes servida, escúrrete debajo de la mesa y ocúpate de asuntos más interesantes y sabrosos que retozan entre las piernas de tu chico. ¡Pensará que está viviendo un sueño! Por cierto, deberías escoger los restaurantes no por las excelencias de la carta sino por el largo de sus manteles...

165. Juegos de temperatura

Ten a mano un vaso con agua y hielo. Cuando tengas a tu chico inspirado por tus caricias, pon un hielo en tu boca sin que él te vea. Juega con la cabeza de su pene y el hielo que tienes en la boca. Espera unos segundos hasta que tengas la lengua helada y lame su glande. ¡Será la única vez en su vida que el frío lo haga arder en llamas!

Si tu chico detesta el frío o las bajas temperaturas no invitan a este juego, cambia el frío de tu boca por calor. Ten a mano una taza de té o una infusión. Toma un pequeño sorbo y haz naufragar su pene en el calor de tu boca. Esto es lo que se llama ¡sobrecalentar a un hombre!

166. ¿Qué hacer con el semen?

Seguramente alguna vez te has preguntado qué hacer si eyacula en tu boca. Aunque a muchas mujeres les cueste creerlo, lo que más locos les vuelve es que nos traguemos su semen. Recibir el fruto de su orgasmo en tu boca es de las cosas más sexys que puedes hacer por un hombre.

Si la idea de tragar semen te horroriza, piensa que es un fluido natural, completamente saludable y compuesto por un gran porcentaje de proteína y azúcar —siempre y cuando estés segura de que no tiene ninguna enfermedad de trasmisión sexual. Tal vez

CARICIAS ÍNTIMAS INFALIBLES

pensando en tu salud y en su placer, no te sea tan difícil degustar su semen.

Si estás decidida a tener el romántico, sensual e intimo detalle con tu amante de tragarte todas las proteínas de su eyaculación, asegúrate de hacerlo sin malas caras o gestos de asco; herirías sus sentimientos y su ego masculino. Sería lo mismo que tirar por la borda todos tus encantos femeninos y todo el erotismo conseguido.

Si, definitivamente, eres incapaz de tragarte sus espermatozoides, tienes otra opción: dejar que eyacule en tu boca y retirarte discretamente al lavabo y escupirlo o tener un pañuelo a mano y depositarlo allí. Si lo haces con naturalidad, él lo entenderá.

Si no puedes soportar la idea de que se corra dentro de tu boca, evítalo. Cuando esté a punto de eyacular gracias a las peripecias de tus labios y tu lengua, retira el pene y sensualmente, ponlo entre tus senos y esparce el esperma por todo tu pecho. Es la forma más sexy de rechazar la bebida que te ofrece su pene.

La penetración

167. Bienvenido a mi interior

Después de una placentera dosis de juegos preliminares, ¡dale la bienvenida al pene de tu chico! Puedes empezar por jugar con él y mojarlo con tu humedad: pásalo por tu vulva y haz que acaricie tu clítoris, date placer con él. Luego, dirígelo con tu mano hasta dentro de tu vagina. Si no está circuncidado, podrás aprovechar tu mano para librarlo del prepucio y permitirle mejor contacto con las delicias que esperan dentro de tu vagina. También le gustará que le invites a tu interior casi sin preámbulos: si estás lo suficientemente excitada, introdúcete su pene al principio de vuestro encuentro y jugad un poco. Luego retírate e involúcrale en otros juegos.

168. A mover la cadera

¡No te quedes ahí quieta y sin hacer nada! Si quieres pasarlo bien con tu chico, mueve tus caderas, ve al encuentro de cada meneo de su cuerpo. Imagina tu deseosa vagina devorando su irresistible pene y ¡muévete! No importa la posición en la que estés; siempre puedes hacer algo y marcar el ritmo de tu placer.

Menea tu cadera y busca los mejores ángulos de penetración, habrá algunos que le permitan mayor profundidad de penetración a tu chico y otros que faciliten el roce de tu clítoris contra su hueso pélvico. Encuentra el ritmo y el movimiento que mejor os haga sentir a los dos.

Gira circularmente tus caderas, juguetea con tu pelvis y déjate llevar por la música de tu libido. ¡Nunca te quedes inmóvil! Hacer el amor es bailar al ritmo de la lujuria, imagina que dentro de ti está el mejor bailarín de todos, el que más te gusta y el que más deseas.

169. La posición del misionero

La posición del misionero es una de las posturas más cómodas y clásicas que existen para hacer el amor y tal vez la más utilizada por la cultura occidental. Consiste en que tú te acuestes sobre la espalda y él descanse encima de ti, cara a cara, apoyando los brazos sobre la cama.

Las ventajas de hacer el amor en la posición del misionero son que permite bastante profundidad de penetración y que os podéis besar, abrazar y mirar las caras de excitación. Las desventajas son que él puede cansarse fácilmente de estar apoyado en los brazos y que con él encima se restringe tu libertad de movimiento. Pero aun así, siempre puedes moverte, sea apuntalando firmemente los pies contra la cama o plegando las piernas, agarrando tus muslos por detrás e impulsándote con ellos.

La posición del misionero tiene muy mala fama entre las parejas que buscan algo más, pero su único problema es que sea la única que se use... Permite tanto un encuentro tierno como uno salvaje, además de una infinidad de variantes que la hacen muy atractiva y excitante. Por ejemplo, ambos podéis mantener las piernas cerradas para dificultar la penetración e intensificar la fricción.

Esta posición permite, además, una técnica que te puede hacer disfrutar muchísimo: la alineación coital. Haz que tu pareja se sitúe algo más arriba de lo normal y que apoye los codos al lado de tu cabeza; perderéis el contacto de vuestros labios pero, a cambio, la base de su pene rozará tu clítoris.

170. Penetración profunda

Adopta la posición del misionero (explicada en el apartado anterior). Abre tus piernas lo máximo que puedas y levántalas. Cuanto más alto subas tus piernas, más profunda será la penetración.

Abrázalo con tus piernas y empújalo hacia ti aprovechando cada acercamiento que él haga. Si eres un poco flexible, pon tus pies en sus nalgas y presiónalo contra tu cuerpo. Conseguirás un ángulo de penetración perfecto y sentirás su pene llegar hasta tu cerviz o tu punto G. ¡No te lo pierdas!

171. Rodillas en el pecho

Se trata de otra variación de la postura del misionero, exquisita para los dos. Flexiona las rodillas, alza las piernas y encarámalas en los hombros de tu chico, de manera que tus rodillas queden contra tu pecho.

En esta posición tu vagina se hace un poco más larga, facilitándole una mayor profundidad de penetración y mucho más placer a él. Además, tú sentirás un delicioso aumento de la presión sobre tu clítoris y tus labios vaginales.

Intenta practicar esta versión de la posición del misionero alzando tus piernas sobre la espalda o las nalgas de tu chico. A ti te encantará la fricción que recibirás en el clítoris, y él arderá sintiendo tus piernas sobre la espalda.

172. El arco

La posición del arco es una acrobática variante de la postura del misionero. Tú debes permanecer acostada boca arriba con las piernas abiertas y flexionadas, apoyando tus brazos detrás de los hombros. Cuando él vaya a penetrarte eleva tus caderas, ayudándote con los brazos, y apoya tus nalgas sobre sus piernas dobladas.

Tú experimentarás una sobredosis de placer porque toda tu zona genital rozará contra su pelvis mientras lo sientes penetrar profundamente. Hacer el amor en la postura del arco es un poco complicado y requiere esfuerzo físico, pero vale la pena. Semejante acrobacia se recompensa con un ¡espectacular orgasmo!

173. Abierta para él

Combina las dos versiones más excitantes de la posición del misionero y multiplicarás el placer por veinte. Pon una de tus rodillas en el pecho y deja la otra pierna estirada sobre la cama al lado del torso de tu chico.

No te cortes si sientes que con esta posición quedas totalmente expuesta; por el contrario, esto a tu chico le gustará y le aproximará a ti.

174. Móntalo

Uno de los principales secretos para ser una amante ardiente y experta es aprender a «montar» a un hombre. Esta posición es muy excitante para ti porque tienes el control y sabes que puedes hacer lo que quieras. Al verte encima, admirará la seguridad de una verdadera amante y te deseará más.

Esta posición le producirá a él la sensación de sexo salvaje, lo cual les encanta a todos los hombres.

Él adorará ver cómo tu vagina engulle su pene glotonamente, y cómo tus pechos y pezones erectos se mueven al ritmo de la penetración. Además, él entrará dentro de ti tan profundamente como quiera, y sin tener que esforzarse para nada, sentirá el ondular de tu vagina cuando llega al orgasmo y... ¡lo harás delirar! Además, también puede ayudarte subiendo su pelvis a tu ritmo o, si es un hombre fuerte, agarrándote de las caderas para ayudarte a subir y bajar.

175. Gira sobre él

Ponte encima de él, apoya tus manos o codos sobre la cama, en sus hombros o su espalda, y muévete con ritmo y fuerza, hacia delante. Esta posición te permitirá mover libremente las caderas.

Hazlo de manera ascendente y descendente, de forma circular y de lado a lado, mueve todo tu cuerpo o sólo tu pelvis. Menéate con ritmo y déjate guiar por sus respuestas. Para que no se detenga y te haga el amor hasta que tú quieras, disminuye la intensidad de tus movimientos cuando sientas que está a punto de alcanzar el clímax. Le encantará ser «dominado».

176. La acrobática

Deja que se tumbe relajadamente, siéntate sobre él, de espaldas a su cara, y haz que te penetre. Dobla las rodillas e inclínate hacia atrás lentamente para que su pene no salga de tu vagina.

Levanta tu vientre y seguidamente relaja tus caderas sobre él. Todo la acción depende de ti, pero él puede colaborar tocándote: invítale a que te acaricie el clítoris y los pechos. Esta posición puede resultar incómoda para un coito prolongado, así que úsala en pequeñas dosis y antes asegúrate de que tu flexibilidad te permitirá hacerlo.

177. Hiperpenetración

Siéntate sobre él con la espalda muy recta y deja que su pene se deslice profundamente dentro de ti. Gira circularmente tu pelvis de delante hacia atrás. Concéntrate en poner a trabajar muy bien tus músculos del amor, para ofrecerle una fricción mucho más intensa. Aprieta con fuerza su pene y empújalo, con ritmo, de adentro hacia fuera y de afuera hacia adentro. ¡Irresistiblemente profundo!

178. 180° por encima de él

Después de que lo hayas deleitado viendo a su jinete favorita montarlo; continúa «la carrera», pero al revés. Mantente encima de él y, sin desconectarlo de tu vagina, gira 180°, de manera que quedes mirando hacia sus pies.

Sujétate con fuerza de sus piernas y mueve todo tu cuerpo, de delante hacia atrás. Él se deleitará con la vista de tus nalgas en primer plano y tú, dominando la situación, llegarás al orgasmo cuando lo desees.

179. Por detrás

Existen algunas desventajas de que él entre por detrás, como por ejemplo, que no os podréis besar ni abrazar y que no os estaréis mirándoos el uno al otro. Pero no importa, esta posición tiene ventajas tan excitantes que simplemente, no te la puedes perder; es naturalmente morbosa y él adorará tener frente a sus ojos tus provocativas nalgas.

Cuando él está detrás de ti, tus senos quedan en el aire y él los puede acariciar fácilmente, lo cual resulta muy excitante para los dos. Tú recibes estimulación en el clítoris —por la presión que ejerce su pene en tu vagina—, la vulva y esa zona tan interesante que hay entre la vagina y el ano. Además, él recibe estimulación extra en el escroto y el ángulo de penetración es perfecto para los dos. Y por si fuera poco, los dos tenéis al menos una mano libre para usarla en algo interesante. Hay varias versiones traseras.

180. El perrito

La técnica del perrito es básica. Si alguna vez has visto a dos perros hacerlo, pues ya sabes, ésa es la posición. Ponte a cuatro patas y déjalo entrar. Él puede ponerse de rodillas o, para facilitar el trabajo, tú puedes estar sobre la cama cerca del borde y él de pie en el suelo, con su pene a la altura de tus nalgas.

Esta posición permite mucha libertad de movimiento y tanto tú como él podéis contonearos hasta encontrar el ritmo perfecto del placer y el movimiento más sensual. Mueve todo tu cuerpo hacia delante y hacia atrás. Alza tus nalgas para que toda tu zona genital haga contacto con su pelvis y su escroto. Juega con la posición de tu espalda: puedes sostenerte sobre los brazos extendidos o acostar la parte superior de tu cuerpo sobre la cama.

Con la posición del perrito, él puede acariciar fácilmente tu clítoris o tu ano. Tú puedes tomar sus testículos entre tus manos y atraparle el pene entre tus glúteos. También podéis combinar el sexo anal y el sexo vaginal. Pero no dejes que introduzca su pene en tu vagina después de haberlo hecho en el ano.

181. El tornillo

El tornillo es una postura muy recomendable para las mujeres a las que les cuesta llegar al orgasmo, ya que favorece la presión sobre el clítoris mientras la vagina es penetrada. Además, es muy fácil de hacer.

Acuéstate en el borde de la cama y pon tus piernas flexionadas a un lado de tu cuerpo. Así mantendrás el clítoris atrapado entre los labios vaginales. Contrae y relaja tus músculos del amor, mientras él te penetra arrodillado frente a ti, tocando tus pechos y gozando con tu cara de placer.

182. A la inversa

Si tú y tu amante tenéis flexibilidad y estáis en forma no podéis perderos esta fantástica posición a la inversa. Acuéstate boca abajo con las piernas colgando al borde de la cama

Él deberá entrar por detrás y ayudarte a alzar las piernas para que puedas enrollarlas alrededor de su cintura o sus hombros. Le encantará ver las contorsiones de tu cuerpo y tú podrás sentirlo profundamente.

183. La carretilla

La posición de la carretilla es una variación de la posición «a la inversa» muy excitante y erótica, pero es un poco más complicada. Ponte boca abajo y apoya tus antebrazos en la cama. Tu chico deberá ponerte justo detrás, y levantar tus piernas agarrándote de los muslos antes de penetrarte.

El estímulo se concentra, por igual, en tus genitales y los de él. Pero el ritmo lo marcará tu chico, atrayendo tu cuerpo contra el suyo. Uno de los principales encantos de la postura de la carretilla es que él podrá mover su pelvis en todos los sentidos (círculos, hacia arriba, hacia abajo).

Si quieres aumentar el grado de dificultad para hacer «la carretilla», podéis comenzar en el suelo. Él deberá levantar tus piernas tomándote de los tobillos, mientras tú apoyas las manos en el suelo. Según muchos hombres, esta erótica acrobacia permite una de las más profundas penetraciones. ¿Te atreverás a comprobarlo?

184. Sorpresa

El hombre, de pie, penetra a la mujer por detrás, en tanto que ella relaja todo el cuerpo y se deja caer hacia delante hasta que apoya sus manos en el suelo. Él marca el ritmo por detrás.

El hombre puede ver los glúteos y la espalda de ella en una buena panorámica —lo que resulta visualmente muy excitante— y puede estimular su ano con un dedo. En definitiva, una dosis de auténtico éxtasis para ambos...

185. La cuchara

Otro clásico que permite un acoplamiento de larga duración porque es muy descansado para los dos miembros de la pareja. Acuéstate en posición fetal y haz que tu chico se ponga detrás de ti en la misma posición. Esta postura se conoce como la cuchara porque ambos cuerpos quedan enganchados de lado con la misma perfección que se consigue juntar dos cucharas mirando en la misma dirección.

Debes mantener tus piernas flexionadas y juntas mientras él, desde atrás, te penetra lentamente. Esta posición le ofrece a la posibilidad de elegir por dónde llevar su pene y permite tanto la penetración vaginal como la anal.

Cuando adoptes la posición de la cuchara mueve tus glúteos contra su pelvis para incrementar sus sensaciones. Para intensificar tu placer, procura mantener las piernas muy juntas, ya que así favoreces la estimulación del clítoris.

Si quieres aumentar el grado de profundidad de la penetración, flexiona la pierna que no tienes apoyada en la cama y encarámala sobre las caderas de tu chico. ¡Ah! Y no olvides poner a trabajar tus músculos del amor: éstos deben entrar en acción sin importar la posición. Él también puede hacer un trabajo extra estimulando tu clítoris y poniéndote al borde de la locura...

186. Las tijeras

Acuéstate sobre tu espalda, junto a tu chico, quien debe reposar acostado de lado. Levanta una de tus piernas y ponla encima de las de él. Consigue que tus piernas queden cómodamente enredadas entre las de él.

Si pones tu cuerpo en ángulo recto con el cuerpo de él, pasas una pierna entre las suyas y subes la otra encima de su hombro la sensación será mucho más espectacular. Esta posición hace que tu vagina se abra ampliamente, provocando un contacto igualmente excitante para los dos.

El ángulo de entrada formado por esta posición estimula partes del pene y del escroto que normalmente no están muy expuestas al roce o a las caricias. Así que si quieres tener un detalle erótico y especial con él, hazle el amor como si fuerais un ardiente par de tijeras vivas.

187. Fusión

Lo ideal es que antes de ponerte en «posición fusión» te dediques intensamente a los juegos preliminares, ya que una vez adoptes esta postura el estímulo será exclusivo y básicamente entre vuestros genitales.

Él tiene que sentarse con el cuerpo inclinado hacia atrás, apoyando las manos a ambos lados de éste y con las piernas estiradas o flexionadas. Tú debes poner tus piernas por encima de las de él y también tendrás que apoyar tus brazos a ambos lados de tu cuerpo. Aprovecha esta posición par disfrutar la visión de cómo te penetra.

Una vez estés unida a él por vuestros genitales, procura mantener constantemente la coordinación de los movimientos. Tanto tú como él deberéis empujar la pelvis hacia delante de manera que el pene y la vagina nunca pierdan contacto. Busca la manera y el punto perfecto para que tu clítoris reciba fricción. El plus para tu chico está en el trabajo que hagas con tus músculos del amor. ¡Comprueba su nivel de entrenamiento!

188. La amazona

Esta posición recibe este nombre porque, al igual que las guerreras amazonas, tú serás quien lleve el mando. Encuentra la forma de tumbar a tu chico boca arriba con las piernas un poco abiertas e inclinadas hacia su pecho.

Acomódate de cuclillas entre sus piernas de manera que queden enredadas en tu torso. Cógelo de las manos y muévete arriba y abajo haciendo flexiones de pierna hasta que vuestros cuerpos resistan.

189. El abrazo total

La posición de la garrapata es perfecta para los momentos de amor y sexo salvaje, pero para practicarla requiere un chico fuerte y un mínimo de flexibilidad en tus piernas. Él debe permanecer de pie y tú tienes que colgar tus brazos de sus hombros y enganchar tus piernas a su cintura.

Para facilitar la tarea, él podrá recostarte contra una pared para aliviarse un poco de tu peso o si es un hombre mucho más fuerte, simplemente te cargará tomándote de las nalgas. Esta posición no le permitirá a tu chico mover libremente su pelvis, así que serás tú la encargada de marcar el ritmo. Apóyate en sus hombros, mueve tu cadera de arriba hacia abajo y ¡a gozar! Si es un chico realmente fuerte podrá ayudarte a moverte a golpe de brazos.

190. Erótica sumisión

La postura «erótica sumisión» es muy atractiva para él porque es quien lleva el control de todo, y para ti porque te sentirás salvajemente dominada por la fuerza sexual de tu chico y tendrás a la vista su cara de satisfacción y placer.

Permanece tumbada sobre la cama con las piernas abiertas esperando a que tu chico te aborde. Él deberá sentarse enfrente de ti y entrelazar sus piernas con las tuyas. Mientras te penetra puede inclinarse un poco hacia ti para lamer o besar tu pecho o tomarte por los hombros para ayudarse a controlar el movimiento e intensificar el contacto.

191. La medusa

Para amantes en forma. Él se pone en cuclillas, con los pies bien firmes en el suelo, y ella se sienta sobre él, pero sin apoyar su peso y guía su sexo hasta el interior del suyo. Los dos amantes pueden balancearse o bien puede ser ella la que se mueva sobre él.

192. La butaca

Une tu cuerpo con el de tu chico formando una butaca y hazle el amor. Él deberá estar recostado sobre una almohada o un cojín, con las piernas flexionadas y un poco abiertas. Tú tendrás que sentarte cómodamente sobre él mirándolo a la cara. Apoya tus glúteos en su pelvis y encarama tus piernas sobre su torso, de manera que la parte trasera de tus rodillas quede apoyada en sus hombros. Para él será muy sexy sentir el roce de tus piernas en el pecho y tener la cabeza entre tus rodillas.

Para mantener el ritmo del movimiento y dirigir la marcha entre los dos, lo ideal es que tú te agarres de sus antebrazos y él te coja por la cintura. Esta posición es perfecta para él porque le permite ver al mismo tiempo su pene entrando en tu vagina y tu cara de placer cuando lo recibe dentro. A ti, lo que más te gustará, además de verle la cara, es la estimulación que tu clítoris recibirá.

Sexo de etiqueta

193. Hombre multiorgásmico

Para disfrutar de las maravillas del sexo, no puedes ser tú la única en esforzarte por aprender y practicar cosas nuevas; también tendrás que ponerlo a trabajar a él y enseñarle algunas cosillas. Por ejemplo, a multiplicar su orgasmo. Aunque la mayoría de hombres y mujeres lo ignoran, el orgasmo y la eyaculación son dos procesos físicos diferentes e igualmente controlables.

Probablemente tu chico no tenga ni idea de su capacidad orgásmica, ni de lo que tiene que hacer para desarrollarla. Si le animas y le ayudas a multiplicar sus orgasmos, tendrás a tu favor más puntos de los que te imaginas. Él estará inmensamente agradecido contigo, se sentirá sexualmente más fuerte y libidinoso, y tú te lo agradecerás a ti misma después de recibir intensas horas de placer.

Si tu chico es apático o terco y no tiene interés en volverse multiorgásmico, él es quien se lo pierde. ¡Y tú ve pensando si vale la pena esforzarte tanto por hacerlo feliz en la cama! Pero si tienes un amante divertido, entusiasta y ardiente, lo más seguro es que se interese en aprender algo nuevo para gozar más del sexo, así que enséñale lo que necesita para multiplicar sus orgasmos:

■ **Él tendrá que ejercitar sus músculos del amor.** Deberá hacer los mismos ejercicios que tú haces, contrayendo y relajando los músculos con que controla la micción. Fortaleciendo estos músculos no sólo aumentará la intensidad de sus orgasmos, sino que también podrá regular la eyaculación fácilmente.

▨ **Cuando estés teniendo sexo con él,** déjalo llegar hasta el clímax y detén su orgasmo. Aprieta exactamente debajo del glande durante un minuto o tira sus testículos delicadamente hacia abajo. Pero ¡cuidado, nada de brusquedades! No vaya a ser que le hagas daño.

▨ **Una vez que hayas detenido su eyaculación,** continúa gozando de la deliciosa faena sexual y cuando vuelva a acercarse al clímax, repite cualquiera de las dos técnicas anteriores.

Ten paciencia y perseverancia; recuerda que el mejor sexo es el que requiere esfuerzo y práctica. Si él y tú hacéis los ejercicios recomendados, conseguiréis multiplicar sus orgasmos. Lo mejor de todo esto es que no sólo gozarás de los resultados, sino que te lo pasarás bomba durante todo el proceso de aprendizaje. Mientras está en la labor de tener varios orgasmos, el único que tenga será mucho más intenso, siempre y cuando hayas conseguido retardarlo con tus manipulaciones.

194. Orgasmo sincronizado

Disfrutar de un orgasmo o sentir que tu chico tiene uno son dos experiencias exquisitas, pero conseguir las dos cosas al mismo tiempo puede ser muy estimulante. Conseguirlo requiere práctica, pero si no os obsesionáis por lograrlo, el camino hacia la simultaneidad puede ser muy placentero.

Para conseguir sincronizar vuestros orgasmos, tendrás que ponerlo a trabajar a él también. Cada uno tendrá que hacer ejercicios por separado y practicar el control de su orgasmo con la respiración y los siguientes ejercicios:

■ **Primer ejercicio:** masturbarse hasta llegar a la mitad del camino que hay al orgasmo, y respirar profundo y despacio hasta equilibrar el nivel de excitación sin llegar al clímax.

■ **Segundo ejercicio:** masturbarse y llevar el nivel de excitación al máximo. Una vez alcanzado el mayor punto de «ebullición», disminuir la estimulación, respirar hondo y mantener el mismo nivel de excitación hasta que el orgasmo sea inevitable.

Después de algunas semanas de práctica, sexo y diversión los dos podréis contener el orgasmo y esperaros mutuamente hasta que estéis listos. Sólo será necesaria una señal para que os sincronicéis. Pero si no lo conseguís, no importa: tenéis muchas gozosas oportunidades para seguir probando y probando... Además, el orgasmo simultáneo no debe convertirse, ni mucho menos, en vuestra única opción. Recuerda que en el sexo todo tiene que ser nuevo e imaginativo siempre.

195. Sexo sin metas

La mayoría de occidentales tenemos arraigada la idea de que la penetración es la meta final del sexo. Es muy difícil romper con este esquema cultural y sociológico. Al fin y al cabo nuestra existencia no podría ser posible sin la penetración y la eyaculación.

Es como si por alguna extraña razón, todos los seres humanos tuviéramos el cuerpo programado para dar justo con el camino más fácil y corto de todos para llegar al orgasmo: penetrar hasta hacer corto circuito y luego, reposar. Esto también es fantástico, pero por favor... ¡No es la única manera de tener sexo! Como, desde luego, ya ha quedado claro en este libro.

Cuando sólo tienes quince minutos para alegrarte la vida porque llegas tarde al trabajo o estás en él y no quieres ser cogida *in fraganti*, no te atreverías a despreciar las maravillas de un «polvo instantáneo». Pero cuando dispones de tiempo para disfrutar, haz que el sexo dure más tiempo. ¿Acaso no es una de las cosas más maravillosas de la vida?

Si definitivamente eres de las que aman disfrutar del sexo y prefieres dejar los «polvos instantáneos» para los casos de emergencia, lo primero que tienes que hacer es redefinir la idea que tienes de lo que en realidad es el sexo. Más que ponerse horizontal, besar, meter mano y empujar hasta el fondo, el sexo es una actividad lúdica cíclica: sube, baja, viene y va, pero sin ningún camino ni meta predeterminados.

Sólo cuando la penetración deja de ser «el objetivo», surge la musa de tu sexualidad, tu creatividad sexual entra en acción y comienzas a explorar y ensayar cosas nuevas. Alternativas como los juegos eróticos, el sexo oral y las caricias interminables que os ponen a los dos a cien empiezan a formar parte de tu vida sexual y dejas de conformarte con el sexo mediocre; lo cual no significa que la penetración no tenga sus virtudes; las tiene ¡y muchas! Pero las pierde cuando se convierte en algo predecible y automático. ¡Cambia el chip y explora!

196. Lo que nunca debes hacer

Puedes ser técnicamente maravillosa en la cama, pero si te olvidas de ti misma o tratas de ser lo que no eres, a él le dará igual que seas la amante más experta. Si quieres mejorar y aprovechar todo el potencial de tu vida sexual, y vas a aplicar los consejos y las técnicas que 201 IDEAS PARA VOLVER LOCO A TU HOMBRE EN LA CAMA te ofrece, no olvides usar tu creatividad, ser tú misma y evitar los típicos pecados femeninos:

■ **Meter la barriga hasta ponerte morada,** porque quieres que piense que eres igual a cualquiera de esas esculturales mujeres que salen en las revistas de moda.

- **Evitar desesperadamente** que vea tu «gran culo» y demostrarle mediante mil hábiles y ridículas contorsiones que sientes vergüenza de tu propio cuerpo.

- **Soltar comentarios,** antes o durante el coito, como «Normalmente no tengo la panza tan grande, pero es que...» o «Por favor, no me mires el culo... que lo tengo enorme».

- **Quedarte quieta** como una momia esperando a que él se corra.

- **Fingir** un orgasmo.

- **Tener sexo** sólo por complacerlo.

- **Hacerlo sentir culpable** porque un día no quiere sexo contigo.

- **Llamarlo por el nombre** de tu «ex» cuando te está haciendo el amor.

197. Cuando es «no», es «no»

No importa que seas la amante más ardiente del mundo y que te mueras por él; siempre habrá algún día en que él esté ardiente de deseo y a ti no te apetezca tener sexo porque estás muy cansada, quieres hacer otra cosa o simplemente, ¡no te apetece rozar tus piernas ni tu clítoris con nadie!

Todas las mujeres conocemos la capacidad de convencimiento que tienen los hombres, especialmente cuando se trata de conseguir sexo, y sobre todo cuando es nuestro chico y sabe lo vulnerables que nos hace el amor; pero por favor... ¡si no quieres, no le hagas el amor! Hay muchas maneras de decirle que no.

Si él intenta persuadirte o seducirte para hacerte el amor y definitivamente no te apetece tener sexo, míralo a los ojos, dale un beso y piensa en algunas palabras sexys y dulces como: «Hoy no me siento muy inspirada, pero si guardas tus energías para mañana prometo que te haré alucinar». Dile algo agradable; no se te ocurra cerrar bruscamente tus piernas y decirle «no» a secas.

Decir «no» siempre será mucho mejor que hacer el amor de forma mediocre, y cuando tu apetito sexual o tu estado de ánimo no están en la sintonía adecuada es imposible ser ardiente, pasional y disfrutar del sexo; también será imposible enloquecerlo en la cama. ¡Si no vas a tener buen sexo, mejor no lo tengas!

198. Sin culebrones

Cuando hay amor, el buen sexo es una de las mejores formas de pasarlo bien en pareja, reafirmar la intimidad y expresar los sentimientos. El sexo es imprescindible en el amor de pareja y es necesario para construir una relación estable y placentera. Pero esto no significa que siempre que haya buen sexo haya amor.

No importa lo maravillosos e intensos que sean tus encuentros sexuales con él; no necesariamente tienen que ser fruto del amor. Un hombre puede desearte locamente, pensar que eres la mujer más sexy del mundo y la mejor amante que jamás haya tenido... y no estar enamorado de ti. Estos sentimientos de deseo exclusivamente carnal no son pecaminosos ni sucios; por el contrario, son sentimientos positivos y humanos, pero que no van necesariamente unidos al amor.

¿Alguna vez has quedado con un pequeño (o inmenso) vacío por dentro después de hacer el amor? Si esto te ha sucedido es por alguna razón: quizás porque esperas algo de él que no te puede dar. Todas las mujeres, en nuestros corazones, sabemos distinguir cuándo el amor y el deseo van juntos, y cuándo van por separado. Pero, a veces, debilitadas por el amor o por los caprichos, nos engañamos y tratamos de enredarlos con cualquier artimaña y el sexo es la más fácil de todas las tácticas femeninas existentes.

Si quieres disfrutar de tu vida sexual, nunca te engañes y cada vez que tengas sexo, tenlo porque lo deseas realmente, no porque pienses que ésta es la forma de encadenarle a ti. Así como las mujeres podemos distinguir cuándo el sexo y el amor van de la mano, y cuándo van por separado, ellos también saben reconocer cuándo nosotras tenemos sexo por placer y cuándo por la angustia de no perderles. Enloquecerle en la cama (con o sin amor), sólo será posible si él se da cuenta de que practicas el sexo con él por placer.

199. No le presiones

Si algún día tu chico amanece invadido por la apatía sexual, que no te entre el pánico. Del mismo modo que a ti a veces no te apetece tener sexo, a él también puede pasarle lo mismo. Puede ser que esté demasiado cansado o estresado, o simplemente que no sea su día. No le des importancia y, sobre todo, no pienses que es por tu causa. No le hagas preguntas del tipo: «¿Ya no te gusta hacer el amor conmigo?» porque no estarás siendo justa con él. Piensa que por muy bien que funcione una pareja y por mucho que se deseen y disfruten en la cama, la convivencia da para muchas cosas, incluso para que él tenga un mal día y no tenga ganas. Si nosotras exigimos que ellos entiendan que no siempre tenemos que estar dispuestas para ellos, lo mínimo que podemos hacer es comprender que ellos no siempre estén motivados. Es simplemente humano...

200. ¿Fingir? ¡Nunca!

Por mucho que se empeñe, un hombre no es capaz de detectar si estás fingiendo un orgasmo, y seguramente siempre lo podrás hacer sin que él se entere. Pero, si en realidad quieres tener sexo del mejor, olvídate de fingir orgasmos, porque estás socavando tu placer y te estás convirtiendo en cómplice del sexo mediocre.

Fingir el orgasmo es un acto de cobardía; una muestra de que no eres capaz de pedir ni recibir lo que necesitas para estar satisfecha y de que no tienes la suficiente confianza con él como para compartir tus inquietudes. Y aunque muchas mujeres piensen lo contrario, el engaño es peor para ti que para él; es el camino fácil y una pérdida de tiempo porque lo que estás haciendo es alejar más la posibilidad de tener un orgasmo real.

Si finges el orgasmo, él no se dará por aludido y seguirá tocándote de la misma manera y haciendo las mismas cosas, convencido de ser un ardiente amante que te hace jadear, gemir y temblar en la cama; y tú seguirás sintiéndote insatisfecha e infeliz.

Sólo si te tomas tu satisfacción y tu placer tan en serio como te tomas su placer y su satisfacción, podrás enloquecerlo en la cama. Además, si no tienes la valentía y la sinceridad de explicarle lo que te gusta es porque no tienes buena comunicación con él y en este caso, ¿cómo esperas tener el mejor sexo? Si trabajáis juntos seguro que encontráis una buena forma de que tú quedes satisfecha: sexo oral, masturbación, alguna postura especial, masturbación entre los dos... Sé la dueña de tu propio placer y atrévete a hablar sobre lo que te gusta.

201. ¡Lánzate!

Hemos reservado esta última idea para ti, para que la propongas tú. Seguramente, la lectura de este libro te ha sugerido muchas formas de volver loco a tu hombre, así que no tendrás ningún problema para idear ésta y muchas más. Porque el libro no acaba aquí, sino que continúa hasta donde tú y tu hombre queráis llegar... ¡Suerte!

Bibliografía

ANAND, Margo. *La senda del éxtasis*. Ed. Martínez Roca. Barcelona.

BARBACH, Lonnie. *Placeres*. Ed. Martínez Roca. Barcelona.

BÉJAR, Silvia De. *Tu sexo es tuyo*. Ed. Palza & Janés. Barcelona.

BERDÚN, Lorena. *En tu casa o en la mía*. Ed. Aguilar. Madrid.

CHANG, Jolan. *El Tao del amor y del sexo. La antigua vía china hacia el éxtasis*. Ed. Plaza & Janés. Barcelona.

DOUGLAS, Nick y SLINGER, Penny. *Secretos sexuales*. Ed. Martínez Roca. Barcelona.

FERRARA, Guillermo. *El arte del Tantra*. Ed. Océano Ámbar. Barcelona.

HERAUSSE, François. *El Kama Sutra moderno*. Ed. Martínez Roca. Barcelona.

IVES, Pierre. *Encyclopedie complete de l'amour et des caresses*. Edinter. Ginebra.

WANG-PUH Wei. *Masaje erótico chino*. Ed. Océano Ámbar. Barcelona.